自律的投资者 1

如何做出正确的 投资决策

崔海军 ◎ 著

地震出版社

图书在版编目（CIP）数据

自律的投资者.1，如何做出正确的投资决策／崔海军著.
—北京：地震出版社，2024.1
ISBN 978-7-5028-5580-2

Ⅰ.①自… Ⅱ.①崔… Ⅲ.①投资-基本知识 Ⅳ.①F830.59

中国国家版本馆 CIP 数据核字（2023）第 180066 号

地震版　XM5432/F（6421）

自律的投资者1：如何做出正确的投资决策
崔海军◎著

责任编辑：李肖寅
责任校对：凌　樱

出版发行：地震出版社

北京市海淀区民族大学南路9号	邮编：100081
发行部：68423031　68467993	传真：68467991
总编办：68462709　68423029	
编辑室：68426052	
http://seismologicalpress.com	
E-mail:dz_press@163.com	

经销：全国各地新华书店
印刷：河北盛世彩捷印刷有限公司

版（印）次：2024年1月第一版　2024年1月第一次印刷
开本：787×1092　1/16
字数：206千字
印张：10.5
书号：ISBN 978-7-5028-5580-2
定价：48.00元

版权所有　翻印必究

（图书出现印装问题，本社负责调换）

序

"你不知道你是你，所以你是你。"有人终其一生不断探索市场，却从未花时间去了解自己。在投资决策中，人是最关键的因素，但是人类往往最不了解的就是自己。在这本书中，我希望和各位读者像老朋友一样，一起聊人生，聊生活，聊投资。与大家一起讨论投资思考模型、直觉与理性，以及决策中人类的缺陷，增加人类对自己的了解，从而发现和分析在交易决策时所犯的错误。

一名内科医生要成为优秀的诊断专家，必须掌握多种疾病的大量特征，每种疾病都有其病理和症状，有其自身可能出现的前兆及病因、病情发展、结果，以及相关的治疗或干预手段。因此当别人问他病情时，他一般都能回答出来。通常，这是一种无意识且自然而然推导出来的，人们往往是感知不到这个过程的。同样，在做投资决策时，我们无从知道该怎样不假思索地买进卖出，无从知道为何对于行情如此不耐烦，也无从知道我们是怎样毫无意识地错失了一次机会。印象、直觉、决策，所有这些脑力活动都在无声地进行着。

我们讨论的许多内容都是与直觉的成见有关，然而，对过失的关注并不意味着我们在诋毁人类的智慧，就像我们关注疾病并非否定健康一样。生活中，我们往往跟着印象和感觉走，凭直觉引导行事，所做的决策、采取的行动都是恰当的。不过，也不尽然，我们通常在失误的时候还信心满满，此时，旁观者往往比自己更容易发现错误。

因此，我写作这套丛书的目的是，和读者一起讨论自己在判断和决策上的失误，提升自己发现和理解这些失误的能力，降低错误的判断和决策造成的损失。

4岁的孩子虽然对世界上存在语法这件事完全没有概念，但她在说话时会努力遵循语法规则。人都是直觉性动物，但人的直觉是有缺陷的，我们的主观判断是存在成见的。我们特别容易相信在没有足够证据的前提下得出的研究结果，而且研究中对于观察样本的收集也不足。在对上市公司的财务报告进行分析时，我们总是夸大其词，而且认为即使在大的样本中，也同样存在这一点。

我们确信能言善辩的孩子将来会做律师，那个沉稳的孩子可能成为教授，那个体谅别人的孩子可以做个心理咨询师。当然这些预测都是没有什么根据的，我们都清楚，这是对孩子的直觉，来自他们自身的特点与特定职业特点的相似度。

你们是否注意到，在中国，律师、教授与心理咨询师的人数并不那么多。那些能言善辩的人可能会成为小学老师，那些沉稳的人可能会成为普通白领学徒工，那些体谅别人的人或许会成为社会工作者。我们在观察孩子时往往忽略各种职业的统计数据，而仅仅依赖于相似度来做出判断。

有一次，我和朋友们在讨论中国的离婚率，这个问题立即引起了我们的回忆，不由自主地想起自己知道或听说的离婚事例，于是我们仅凭脑海中这些事例对离婚率问题作出判断。

在选择股票时，有些人常常忽略掉属地为东北的上市公司，但这些直觉印象完全是对于近十年东北经济下滑（"投资不过山海关"的传言就是代表）的片面印象。虽然东北退市企业占退市企业总量的比重较大，但这既有东北市场观念转变的问题，也有国家经济转型的问题，片面"一刀切"很容易导致投资的偏见。

对于职业概率的赋值，对于离婚率进行预测，对于投资项目进行选择等等，这些都描述了直觉思考在判断中的作用。很多人把这一些问题归结为人性。对于人性，大部分社会学家有着两个观点：第一，人多是理性的，其想法通常是合理的；第二，恐惧、喜爱和憎恨这样的情感能够为人们失去理性的大部分情形作出解释。我们记录下正常人思考时出现的系统性失误，认为这些失误是由认知机制的构造造成的，并非由情感引起思想腐化导致的。

为什么人们能够记清楚一些事情，而会遗忘另一些？人是根据从记忆中提取信息的容易程度来估测事情的重要程度的，而这与媒体的宣传程度有关。常被提到的话题就在脑中变得鲜活，其他的则慢慢被遗忘。也就是说，媒体选择报道的内容和人们脑中存在的信息关联度很强。重大事件和名人很容易引起公众的兴趣，媒体能借此炒作也就见怪不怪了。

在吉林狂犬疫苗事件发生后的数周里，媒体对于长生生物疫苗批判性的报道，极大地左右了市场情绪，对于长生生物的处罚和监管起到了辅助的作用，同时，也引起了对市场上生物制药类公司股票的非理性抛售，牵连了一些合法经营的上市公司。

以上问题，能够使我们认识到自己的想法是如何受认知性成见牵绊的，使我们能够关注自己在思考时可能出现的纰漏。这样我们才能质疑一种普遍存在的武断想法，即人类很理性、很有逻辑性。

在研究人类非理性的同时，我们还要注意不确定因素对决策过程的影响。例如，投硬币时如果正面朝上就得到130元，背面朝上就输掉100元，你愿意打这个赌吗？这些简单的选择很久以来一直被用来检验各种与决策有关的问题。在判断时，我们会观察自己做出决策时出现的系统性偏见，还会对违背理性做出的直觉性选择进行观察。

本书在认知心理学和社会心理学的基础上展示大脑的工作机制，它使我们知道直觉虽然有时候很有用，但有时也会导致严重的系统性偏差。消防员可以利用对危险的"第六感"感知火灾的火源在什么地方；象棋大师路过街边棋局时，无须驻足观看就知道"红方三步之内会被将死"；很多人在接到电话时听到第一个词就能感知对方是否生气了。这便是在新的环境中察觉到熟悉的因素，并且用十分得体的做法来顺应这种情景，这便是正确的直觉。但是我们的判断和决策很容易受个人好恶所左右，没有什么思考和推理可言。很多投资者从不关心最近的股票是不是走低了，总是根据自己的直觉行事：他喜欢某品牌汽车，也喜欢持有该公司股票的感觉。股市有风险，入市需谨慎，可这位仁兄恐怕不知道自己在做什么。

有时，我们无法凭直觉找出问题的解决方案，在这种情况下，我们需要找到一种更慢、更严谨、需要投入更多脑力的思考模式。我们不仅需要包含感觉和记忆等所有无意识的大脑活动，更需要严谨、理性的思考模式。

为了使投资者真切体会不同思维模型的特点，本书列举了很多经典有趣的行为实验，指出我们什么时候应该相信直觉，什么时候不该相信，使读者知道如何在投资决策中作出更好的选择，以及如何运用不同技巧来避免那些令我们陷入麻烦的思维陷阱。

本书或将改变你投资时的思维模式。

崔海军

2023 年 7 月

目　录

第一部分　我们是理性的动物，还是感性的奴隶 /1

　　关于投资的真相：感性 or 理性 /3
　　你觉得了解自己，其实你错了 /6
　　因果关系深藏在我们的无意识中 /9
　　是什么让我们过早下结论 /12
　　我们竟然是这样做出决定的 /17
　　利用替代和联想解决目标问题 /21

第二部分　不依赖于情境的决策是不存在的 /25

　　不是先看见再定义，而是先定义再看见 /27
　　每个人努力使自己的内心世界没有矛盾 /30
　　记忆是存进大脑还是提取时重建的 /34
　　我们从来都不是孤立地理解和解释信息 /38
　　务必要小心所提问题的结构和情景 /42
　　决策和判断的时候需要考虑的情况 /47

第三部分　那些影响投资决策的思维偏差 /53

　　我们实际上并不是纯粹的理性人 /55
　　那些使我们违背理性决策的悖论 /58
　　如何预测并控制决策过程中的偏差 /63
　　不要被细节的信息和情景所迷惑 /71
　　人们过于看重容易看见和记忆的信息 /77
　　我们身边无处不在的概率和风险 /81
　　先入为主无所不在地影响着决策 /89
　　人们总是倾向于过分解释随机事件 /93

厘清事件之间的相关性和因果性　　/97
　　如何消除理解过程中的偏差　　/101

第四部分　困扰投资者决策的几个常见问题　　/107

　　为什么我们在人前人后表现如此不同　　/109
　　群体决策能否比个体决策更准确　　/117
　　过度自信对于决策的破坏力是巨大的　　/122
　　为什么我们的普遍信念那么难以改变　　/126
　　那些令自己欲罢不能的行为陷阱　　/132

第五部分　提高生活的幸福感，品味交易的乐趣　　/143

　　历练可以提高投资者的生存概率　　/145
　　乐观地生活，悲观地交易　　/147
　　系统地进行思考需要自我控制　　/150
　　即时体验和过往记忆总是不一致　　/153
　　你真的体会到交易的幸福了吗　　/156
　　过度的关注常会使我们产生错觉　　/159
　　结语　　/162

第一部分

我们是理性的动物，还是感性的奴隶

> 解密思维的真相，
> 洞察投资的奥秘。

关于投资的真相：感性 or 理性

交易者的思维是懒惰的。我们自以为每一项决策都是理性思考的结果，但是我们的行为更多地来源于感性。虽然都知道每项决策都可能出错，但我们更愿意相信这种反应。

你的投资行为源于感性的冲动

在风险来临之前进行感知的能力，来源于感性，来自以前的经验。放缓思考的速度、思考下一步的决策，这都需要理性的思考。

相对于感性，理性所耗费的时间更长，占用更多大脑工作记忆的时间。交易过程中的任何事情，一旦占用了大脑的工作记忆，都会削弱思考的空间。只有将两种反应方式进行配合，我们才能更从容地思考有关交易决策的问题。

在观察投资者的交易曲线时，我们会很自然地利用平时的经验去判断他是否为一名优秀的交易者。更进一步地，我们还会根据自己的分析对其后续交易进行预测，判断可能的交易结果。当然，这些都是无意识的，而且毫不费力。

但是，如果想搞清楚净值回撤情况，我们就需要拿出计算器，才能得出答案。首先需要从记忆中重新提取读书时所学的乘法相关知识，然后加以应用。在计算过程中，就需要脑力参与。

按照达尔文的进化理论，人类是由动物进化而来的，很多生活习惯在原始丛林是可以帮助我们躲避野兽袭击、避开自然灾害的，但在现实社会中，本能让人趋向于失败而非成功（例如贪图享受、急功近利、目光短浅等），在面对选择时我们更多地依赖感官体验、经验经历等，不可避免地犯着同样的错误。

不成功的交易者都是一样的，所犯的也无非就是那几种耳熟能详的错误，他们交易时都是依靠本能来投资决策。而成功的交易者，无不始终坚守自己的交易系统和投资理念。

运用理性抑制感性的冲动

在审视每一项决策时，我们都认为自己头脑清晰、富有逻辑、抱有信仰、善做选择，能够决定自己想做什么以及该做什么。感性来自固有的生存本能和社会认知，当然这也是理性的主要来源，而理性是需要经过深思熟虑然后做出选择。当理性发挥作用的时候，感性行为（比如冲动、侥幸、贪婪、恐惧等）都会受到抑制。

行情上涨时的冲动，亏损时的侥幸心理，这些都源自与生俱来的本能，都是自主发生而且毫不费力的，这些本能和动物的本能从本质上讲没有什么区别。这些行为储存在我们的记忆中，不必刻意也无须努力就可随意提取。

感性和理性在交易过程中常常是互相配合的，投资者在确定交易机会时往往依靠感性，然后理性被激发，从而产生交易的决策和行为。当然，理性更需要集中精力，如果注意力分散，思维也会随之中断。人的精力是有限的，如果在交易过程中，我们的家庭生活一团糟，就会导致注意力分散，结果往往不好，就如同在开车时不能玩手机一样。

没有人可以做到完全理性

当思维遇到阻碍时，那些贪婪、恐惧等感性行为无法给交易者以提示，这就需要理性提供支持。比如当我们持有一家前景看多的股票时，偶尔会听到令人感到惊讶的利空消息。这时，我们会把目光集中在这个令人瞠目的消息上，并在记忆中寻找发生这种消息的原因。同时，以前出现类似情况导致价格大跌的内心恐惧、焦虑的情绪不断浮上心头，虽然此时理性的反应应该是严谨地对待该消息，但最后常常起作用的是感性情绪主导了行为。总的来说，投资行为往往是由感性情绪所引起的。

感性与理性分工，在日常生活中非常高效。在熟悉的情景中，因感性而做出的反应是准确的，就像我们遇到蛇就逃跑一样。然而，在交易过程中，你会发现感性思维常常会将原本较难的决策问题简单化，对于逻辑推理和统计分析，它几乎一无所知，容易让人犯系统性错误。但是感性系统是无法关闭的，没有一个人可以完全做到理性思考。

感性与理性之间经常存在冲突，在交易中我们都有同样的经历。当前期良好的走势突然有了回调的机会，感性会反复指使你："赶快买入吧，这是好机会，还会上涨的。"理性会提醒你这可能是走势走坏的开始，最好等回调完了确认上涨走势继续的时候再考虑买入。理性的众多任务中就包括抑制感性所产生的冲动，换句话说，就是要有意识地控制自我行为。

区别重大错误出现的情景

我就职于某家期货公司之初，从事期货客户的开发和维护工作。有一次，碰到了一位客户，他像说故事一样，讲述自己以前遭遇的骗局。这些骗局五花八门，让人惊讶。这位客户清楚地描述那些期货经纪人是如何坑害他的，但他

会很快观察到，我和其他经纪人不一样。他以为我会感同身受，充分理解他，并为他提供帮助。相反，我毫不留情地把这位客户赶走了。因为这位客户可能得了被迫害妄想症，谁也帮不了他。

多年以后，我还提醒同事们，要提防这种"病态"。当然对于巨额亏损的交易者，同情心是不由自主的，这种同情心就来自感性。这位客户所谓的坑害、欺骗，不过是为自己的操作失误找了个不让自己受伤的借口。我反复提醒我的同事，这是一种思维错觉，做事不要盲目相信这种感觉，更不要依赖感觉行事。

那么我们应该怎么避免这种思维上的错觉呢？感性都是自主运行的，我们无法随意使其停止。理性可能对感性有所察觉，因此需要理性进行强有力的调控和积极的运作来避免思维错觉。

当然，如果在交易中时刻质疑自己的想法，同时时刻对自己的行为保持警觉，那么在做选择时我们就会拖沓且非常低效。最好的解决办法就是妥协：学会发现经常出现重大错误的情景，在风险很高的时候，尽力避免这些错误。

你觉得了解自己，其实你错了

你真的认识自己吗？你认为所有决策都来自你的理性吗？其实大脑的思维方式比我们想象的复杂得多。有时候自己编了个故事，然后选择相信了这个故事。可笑吗？不可笑。其实我们都有过这种体验。

由两个词引发的思维启发旅程

让我们先看下面这两个词

■ 香蕉　呕吐

在刚才的一两秒内，你一定想了很多，脑海中浮现出一些不愉快的图像和记忆，脸部有些扭曲，甚至露出厌恶的表情。

这些反应都是自发的，是大脑把香蕉和呕吐两个词联系起来，暂时建立了因果关系，认为是香蕉引起了不适，这是大脑的自然反应。你会短时间内对香蕉失去兴趣，甚至很容易对类似的水果产生不良反应。

这些复杂的反应快速呈现在大脑里，而且都是自主发生的，无须费力，这是无意识的反应过程，同时这也是联想激活的产生过程。联想就是通过一个节点与其他节点相联系，它可以是因果联系，可以是事物与特征或种类等。比如看到或者听到"喝"这个词，你可能会填上"汤"而不会填成"场"。当然，如果刚看到了"运动"你就可能会填上"场"字了。

当你的脑海里有了"汤"这个概念，就会有与食物有关的很多概念，包括肉、饿、脂肪、饮食和饼干等。当持有股票上涨的时候，我们同样也会浮现出钞票、美食、汽车、游玩的画面。这就是联想的作用，就像池塘里的涟漪一样，浮现在脑海里的概念、让我们恐惧的画面、让我们恶心的味道都是由联想作用把一个点向外逐渐扩展开来的。

联想作用不仅会运用概念和词汇中，而且还会无意识地影响到行为和感情，这是我们无法通过意识来了解的。如果让投资者用诸如"退市""亏损""千股跌停""股灾"等词语造句子，在完成这项任务后，让他们继续股票投资操作，悄悄记录他们接下来一笔交易所用的时间。他们的操作比平时慢得多，要顾虑得更多。

在这里，尽管我们没有提过股票交易的事情，但上述词语令我们恐惧，这种恐惧也影响了后续的行为。所有这一切都是无意识的，很多人都会认为这些

词语并没有对后续的交易行为产生影响，但是行为却发生了改变，尽管我们没有意识到这种行为。

联想有时候决定着你的行为

我们以为自己做出的判断和选择是有意识而且自主的，但是联想作用的发现却颠覆了我们的认知。大多数投资者会认为选股是经过深思熟虑的行为，它反映了对上市公司的认可程度与评价，不会受到无关事件的影响。比方说，我们认为选股不应受到地点的影响，但这个因素却实实在在影响了决定。如果利用上班的空闲时间选股，我们常常会选取银行保险、交通运输、公共事业等稳健类的股票，如果在下班后的休息时间选股，我们常常会选择休闲娱乐、计算机、生活服务等成长类的股票。如果刚看完一部优秀的电影时，我们就会对电影类的股票格外青睐。通过对联想作用的研究，我们可以看到，它已经影响到我们生活和交易的方方面面。

起初那些脑海中有"钱"的概念的人比没有这方面联想的更独立，会更加持之以恒地解决一个棘手的问题，付出双倍的努力也在所不惜，实在迫不得已才会向其他人员寻求帮助，这也清晰地表明其自力更生能力的提高。另一方面，他们也更自私，不愿意去帮助那些对自己没有帮助的人，而且表现出很强烈的独处意愿。

不愿意和他人一起，不愿依赖他人，也不愿意接受他人的请求，钱的概念不断滋生个人主义。我们所处的社会环境中有很多能让人想起钱的事物，房子、车子，这些事物以我们意识不到的方式影响着行为和态度。

在莎士比亚名剧《麦克白》中，麦克白夫人在谋杀之后总想洗手，以洗掉手上想象出来的血迹。这就是心理学上的麦克白效应，受影响的人会试图通过清洁自身来对抗道德焦虑感。在面对人说谎后，我们更想要漱口水，而不是香皂，而那些通过即时通信软件说谎的人更想要的是香皂，而不是漱口水。

我们可能都认为是理性和逻辑掌控了一切，认为自己知道为什么要做出这样或那样的选择，其实情景在其中起着很大的作用，那么上面这些的心理学实验能否说明我们完全由情景摆布，随时要听从它的指示？虽然联想机制很强大，但也不见得足够强大。

然而，问题的关键是你是否接受这些研究的结果，而不是对此心存怀疑。你可能不相信这些结论适用于你，因为这些结论和你的主观体验不相符，认为你的主观体验是由理性系统决定的，而联想机制来自你的无意识，可能你根本意识不到这一点。

在做投资决策时，我们认为每一项决策都来自理性推理的结果，但是很多决定无不来自潜意识深处。交易决策时的环境，会激发我们内心深处的各种情绪，恐惧、胆怯、侥幸、贪婪等无不时刻左右我们的决策。

当电脑桌面呈现成堆的美钞时，必然会激发你内心深处对钱财的贪欲；炎热的夏天让烦躁溢于言表，很容易让我们产生冲动的决策；桌旁的鲜花让我们心情舒畅，此时的决策难免有些轻率。这些与交易无关的事情时刻影响着我们的行为。正如预料的那样，产生这个影响的过程没有任何理性的参与，现在你相信自己也难逃同样的模式了吧？

无意识的各种印象构成了我们的信念，是做出选择和展开行动的动力源泉，它们可以将当下的情形与新近发生的事情联系起来，再结合对近期的各种预期考虑，从而对发生在你身边或你身上的事做出解释。

无意识包含了我们对于事件的认知模式，它们是做出快速直觉性判断的依据，这种判断十有八九是准确的，而你的所有判断都是毫无意识地完成的，然而这种无意识也是直觉中很多系统性错误的来源，这一点我们将在后文进行佐证。

因果关系深藏在我们的无意识中

大脑好比一台功能强大的电脑，虽然运行缓慢，但通过不同想法连接而成的巨大网络，为我们展示这个世界的构造。而且，除了自动生成的联想作用，还具有控制记忆搜寻活动的功能，也同时可以对其进行编辑。这样的话，在特定情况下我们才可以集中精力去追逐某件事情。

从一鸣惊人到习以为常的转变

无意识系统维护并更新着个人世界的模式，它延续常态下的思维模式。过去的情景、事件、行为等概念引发了联想，因此结果总是伴随着规律的出现而出现。联想模式展现着不同事情的结构，同时还将决定着对于当下的理解和对未来的期望。

我们总是希望从这个世界上得到些什么，惊喜在满足了愿望的同时，也带给我们最敏感的指示。有的惊喜是积极的、有意识的，你知道正在等待某件特别的事情。当时间迫近时，听到敲门声，你会期望是你的孩子放学回家了；打开门时，你期望听见自己熟悉的声音。如果非常渴望的事情没有发生，你会很惊讶。

几年前一个周日的晚上，我驱车从北京赶往天津，很长一段时间以来，我每周都会这样穿梭于两个城市之间。那天我看到了一个不同寻常的景象：路旁有辆车着火了。当第二周到达那段路时，又有一辆车着火了。与第一次相比，我第二次遇到这种情况时明显表现得不那么惊讶了。现在这个地方就是"车着火的地方"。因为事件发生的情景相同，第二次引起了"积极的期盼"：每当走到这个路段的时候，我都会想起着火的车，而且已经做好了再看一次的心理准备。几个月也好，几年也好，我都有了足够的心理准备。

当遇到违反常态的问题时，大脑的察觉态度也是惊人的，察觉过程也是微妙的。当一个男声说："我确信我怀孕了，因为我每天早晨都想哭。"我们一定会立刻调动起大量的知识，思考这个陈述与事实之间是否协调：一听声音就知道此人是男性，而男性是不会怀孕的。

如果我提到了汽车，没有其他特别的描述的话，读者一定知道我指的是一辆普通的汽车，能确定这辆车不会是圆形的，而且车胎数量远远少于 20 个。对于很多事物的常态我们都有认识，这些常态给我们提供了背景知识，使我们能够觉察到诸如"怀孕的男性"这样的反常现象。

巴菲特曾经说过,"在市场中,别人贪婪的时候我恐惧,别人恐惧的时候我贪婪。"为什么这是难以做到的事?正因为它违反常态。由于我们是在同一个世界上生存的个体,对于市场的感知都是相同的。当市场疯狂上涨的时候,在前期造福效应的带动下,非理性的情绪弥漫着市场的各个角落。如果有人想让你急流勇退,放弃看起来唾手可得的利润,此时的你一定嗤之以鼻。相反的情况下,有人劝你在"飞流直下"的市场中勇敢承接,你的第一反应也应该是"这个人与我有仇吗"。

无意识系统可以理解语言和行为,也了解分类标准,它能分辨那些貌似正确的价值,也能分清那些最典型案例可能出现的范围。

■ 过度执着于因果关系是投资的大忌

"张伟的父母来迟了,酒席承办商应该很快就到了,张伟很生气。"你知道为什么张伟很生气,也知道了他生气不是因为酒席承办商还没来。在他的联想网络中,生气和不准时被看成了因果关系,但生气和期盼酒席承办商来的想法却没有关系。当你想到这句话时,脑海中马上就形成了一个连贯的故事,你立即知道了张伟生气的原因。找到这种因果关系是理解一个故事的一部分,也是无意识的反应。而有意识的自我,在接受了主观的理解后,也接受了这种因果关系。

某天早晨,我上网浏览财经新闻时,看到了这样的头条:《上证指数低开,美中贸易争端引发市场恐慌》。下午收盘后,指数价格收涨。标题被改为:指数低开高走,靴子落地引发市场反弹。显然,美中贸易争端是这一天的重大事件,自主搜索原因的方式影响了我们的思考,于是这件事就成了当天市场变动的原因。这两个标题表面来看都好像可以作为解释市场发生震荡的原因,但是对这两个互相矛盾的结果做出解释的那条陈述其实什么都解决不了。所有的标题都能满足我们对逻辑连贯的需求:一件大事必然会带来一些后果,而这些后果也需要一些原因做出解释,于是我们就很熟悉地将这些知识片段组合成了一个连贯的因果关系。

部分国人有两个与生俱来的特点,其有一个就是喜欢阴谋论,这也是股市中"主力理论"盛行的原因。吸筹、吸盘、拉升和出货,固然可以解释出市场走势的各种原因,但是市场走势是各种偶然性和必然性相互交织形成的。虽然我们可以为市场走势找出各种不同的原因加以解释,满足内心对于因果关系的需求,但是对交易决策的效果实在微乎其微。

在日常生活中,我们总是通过不同事物之间的相互关联来进行观察,来推断其在自然状态下的因果关系。我们曾无数次看到一个运动中的物体碰触到另

一个物体，使之开始运动，且运动方向相反。在很多发展心理学实验中，6岁大的儿童就会将许多事件及其连续事件看作是因果关系，而连续事件一旦发生改变，他们就会感到惊讶。我们显然从出生时就对因果关系有感觉。显然，这种因果关系并不依存于理性思维，它们是无意识的产物。

形成统计性的思维模式

海森堡不确定性原理是海森堡于 1927 年提出的，这项原理陈述了精确确定一个粒子，例如原子周围的电子的位置和动量是有限制的。这个不确定性来自两个因素，首先测量某东西的行为将会不可避免地扰乱那个事物，从而改变它的状态；其次，量子世界不是具体的，基于概率，精确确定一个粒子状态存在更深刻更根本的限制。

用海森堡自己的话说，"在因果律的陈述中，即'若确切地知道现在，就能预见未来'，所得出的并不是结论，而是前提。我们不能知道现在的所有细节，是一种原则性的事情。"此外，不确定性原理涉及比较深奥的哲学问题，我们在这里就不深究了。

因果性直觉的特点是本书一再出现的主题，因为人们总是很不恰当地将因果律用于需要统计论证的情景中。统计学思维根据事物的不同类别和总体性质得出个案的结论，可惜的是，无意识并不具备这种推理能力，理性思考需要通过学习来进行，但几乎没有人接受过必要的统计学训练。

如果以因果关系为基础，对事情发展过程进行描述，那么我们就不用考虑事情连贯性过程，这样做也不用费力思考。如果按照所发生事情的特点和意图来描述它，或者按照呆板的规律性去描述它，我们就会发现了解思维活动更加轻松。

在投资决策中，片面地把盈亏结果看成对决策过程的评价，是思维逻辑的一大忌。我们常常片面地强调单次交易的结果，违背交易系统长期一致性原则。因此，形成统计性的思维模式，对于交易的长期稳定获利是大有裨益的。

是什么让我们过早下结论

我们或许会对一个完全不了解的人印象很好，仅仅是因为听过关于他的传闻；重大资金的交易，可能凭借的只是一条似是而非的小道消息。是什么导致在没有了解更多消息的情况下，就过早地下结论呢？为什么明明可以但却并不想了解更多信息呢？更多的消息难道不是有助于我们的决策吗？我们来看一下为什么我们会那么匆忙地做出决定。

■ 无意识永远是你选择时的唯一解释

有一次，我和好友谈及自己最不喜欢的女生时，他说："她最得意的姿态是忘乎所以，最喜欢做的事就是仓促下结论。"这些话一直浮现在我的脑海里。我想，这也许是对无意识反应恰如其分的描述。如果结论是正确的，偶尔犯错误所付出的代价也在可接受的范围内，这种仓促的做法可以节省很多时间和精力，那么这种仓促的结论是高效的。如果对情况不熟悉，在风险高并且没有时间去搜集更多信息的情况下过早下结论就很冒险，很可能出现直觉性错误，这种错误可以通过理性思维干预而得以避免。

在提到"泪水"这个词的时候，第一反应是伤心难过的情感表现，但是这个貌似可信的理解并不是唯一的可能。如果在这个词之前有类似"运动员""金牌"等词语时，我们就会想到可能是运动员获得金牌后激动的泪水。如果它被放在含有"做饭""洋葱"的句子里，这个词可能就和情绪表达没有关系了。

对于每个词语，在没有明显情景的情况下，无意识系统就自行建立了一个可能的情景，我们知道这是无意识判断的结果，因为你并没有意识到自己做出了选择，也没有意识到自己可能还有别的选择。当对答案不确定时，我们就会无意识地根据过往经历去猜一个答案。脑海中最近发生的经历就是做抉择时最重要的参考，如果脑海中没有闪现出最近发生的事情，那么更为遥远的记忆便会呈现出来。

最为关键的一点是：你做了一个确切的选择，但自己却没有意识到自己这样做了。你的脑海中出现的只有一种解释，而且从未意识到这些问题会有歧义。无意识系统不会意识到放弃了其他选项，甚至都不会记得有过更多的选择。理性的怀疑需要同时在脑海中记住多种互不相容的解释，需要付出努力，

但这并不是无意识的长项，改变和怀疑是理性的职责。

在做交易时，很多人抱怨管不住自己的手，经常不由自主地买进，惶恐不安地卖出，最后的留下的只有后悔和无奈。很多人怪罪于心态不好，但心态不过是我们给自己寻找的替罪羊而已。任何时候的鲁莽、草率、恐慌交易都可以拿心态不好当作借口。我们从来没有想过，追涨杀跌、抄底摸顶从来都是人性所导致的无意识行为。想要克服人这些行为，我们需要的是西方的思维逻辑和东方的人格修行。

是什么让你相信了那些荒谬之词

在理解一个陈述之前，你最好先试图相信它。如果这个陈述正确的话，必须先了解它的观点究竟是什么意思。只有这样，你才能决定是否"怀疑"它。最初你产生的相信某种观点的想法，是无意识行为。即使是一个毫无意义的陈述也会构建这种情况下的最大可能性解释。比如白鱼吃糖果，你有可能意识到关于鱼和糖果的模糊印象，这个印象的产生过程，就是联想记忆自动搜索"鱼"和"糖果"这两个概念之间各种联系的过程，这一过程会使这种很荒唐的说法看起来竟有些道理。

理性反应的工作就是不信任和怀疑。同样的两份考题，上半部分是简单的题目，下半部分是难度很大的题目，另一份则将两部分对调：上半部分题目较难，下半部分简单。当考试结果出来的时候，考生就会发现，第一份考题上半部分的正确率高于第二份考题下半部分。

同样的题目，为什么会有这么明显的差异？在第二份考题中，难度较高的题目使考生感到筋疲力尽，最后竟然认为许多显而易见的错误论断是正确的。这说明了无意识系统不仅好骗，还容易让人产生偏见，而尽管理性系统掌管怀疑和不信任的大权，但它有时候很忙，不忙时也很懒惰，总会"擅离职守"。的确，已有证据显示，当人们劳累时，更容易受那些空洞却有说服力的消息影响，例如广告。

理性是如何验证假设的？我们一般都是通过驳斥假设以证实其是否成立，也有一些人主张通过寻找符合当前观点的数据来证实假设是否成立。当有人问你："张伟友好吗？"你会想到张伟的各种行为举止；而如果有人问你"张伟是不是很不友好？"你就很难想到他的很多举动。

无意识反应经常不加批判地接受建议，夸大了极端的可能性以及不可能的事件。如果被问及海啸在以后 30 年内袭击附近地区的可能性有多大，你的脑海中呈现的图像很有可能是海啸，你就会更容易高估出现灾难的可能性。如同刚才提到的"白鱼吃糖果"这种无意义的陈述时产生的反应一样。

在投资决策时，一旦我们持有某只上市公司的股票时，或者持有某个品种的期货合约时，我们就会对该股票或期货合约的信心比拥有之前大大增加。复盘，也是一直我们所提倡的，但是所谓的复盘，不过是对所持观点的自我验证而已，我们看到的只是对自己有利的一面，而不符合自己观点的分析则被无意识地忽视。而那些投资高手能够比较客观地评价、分析和判断，对下一步可能出现的不同结果做出应对。

■ 公正客观地对待独立而来源不同的信息

当在聚会上遇到一位漂亮而且健谈的女士时，喜欢的感觉一下子涌上心头。现在，她的名字再次出现，并有可能被叫去捐款，你知道她有多慷慨吗？正确答案是：你什么都不知道。因为没有理由让你认为长相漂亮的人会更慷慨。但是出于对她的好感，你自然也会认为她会很慷慨，这就是联想的作用。现在你认为她是慷慨的，你可能比之前更喜欢她，因为她又增加了一条令你喜欢的特点。

在上面的故事中，我们并没有任何那位女士慷慨的真正证据，正是凭借自己对她的情感回应做出猜测，用猜测来弥补证据的不足。我们对她的好感来源于无意识，而这种感觉影响了我们对她的正确评价。

对每个人的性格观察顺序都是随机的，然而顺序很重要，因为我们注重第一效应，而后的很多信息在很大程度上都被消解掉了。

回到上面那个考试的案例。如果上半部分的题目非常简单，考生会认为考题很简单，再碰到下半部分难度较大的题目时就会很用很乐观的心态去面对。而如果考生先遇到难度较大的题目，就会更加严谨的态度对待考题。同样的两份题，可能会因为不同顺序而得出不同的分数。这两份考题对于考生来说，评价标准是不同的：相比于下半部分，上半部分对考试结果的影响更大。

在完成了简单题目解答之后，再遇到较难题目时，就会出现令人担忧的结果：考生对上半部分的自信程度降低了，频繁地感到一种不适感，当完成较难题目的解答时，考生会偶尔发现自己对于简单题目的解答是不是过于草率，于是就会再次翻阅上面的考题。考生注意到这种情况的出现，但是很难克制自己。考生无法以一种保持平衡的标准去看待每一个考题，这样的前后不一致使考生感到了不确定和沮丧。

这种题目难易程度的改变使考生先前的判断出现了错误，这种难度不同的考题带给考生的不适感，需要适当的调整，以更全面和整体的观点去对待这份考题。有了对整份考题有正确的评估后，就会有更准确的解答。

那么如何避免先入为主的态度对我们的影响呢？消除错误的关联！设想一下，向大量观察者展示一些装有硬币的罐，让他们估计每一个罐里的硬币数量。有的人高估了硬币的数量，有一些人低估了它，对所有判断进行平均估算得出的值就会趋近于真正的硬币数量。另一方面，每个人犯的错误都与其他人的错误无关，这些错误的平均值趋近于零。

在那个考题案例中，考生对于每道题目的判断都相互独立，每道题所犯错误之间不相关联，客观对待每一道题目，才能降低由于主观偏见带来的错误。如果考生对于考题的难易程度有偏见，就算能够客观判断也难以降低错误率。

在交易决策中，要想从大量的数据来源中获得最有用的消息，首先应该设法使这些来源相互独立，而且对每一份来源保持公正客观的态度。就类似警察办案时采取的原则。如果某个案件有多个目击证人，在录口供之前，这些证人是不能获准讨论案件的。这样做的目的不仅是为了防止不怀好意的证人相互串通，还避免了没有偏见的证人相互影响。交流过各目击过程的证人容易在证词中犯相似的错误，降低了他们所提供信息的总体价值。减少信息来源的冗赘信息总是没错的。

在面对交易盈利或亏损时，我们会不由自主地带有乐观或悲观的情绪。乐观往往会带来鲁莽、草率和任性而为，随之而来是重仓交易和频繁交易。悲观导致对盈利的单子缺乏耐心，对亏损的单子容错空间过小以至于错过大行情。

因此，独立而客观地对待每一笔交易至关重要，只要我们的交易系统能够保证盈利大于亏损，单笔交易的结果就没有那么重要了。

■ 眼见为实的想法让我们仓促做出决定

联想机制有一个基本的特点就是它只能回忆起已被激活的信息。我们善于无意识地提取当前激活的信息来构建最可信的故事情节，但不会也不能提取无意识中根本不存在的信息。

我们可以无意识地根据需要的信息和数据构建连贯性故事，但是信息缺乏是常事，一旦出现这种情况，我们就会无意识地仓促下结论。请思考下面的说法：雪松控股是一家非常优秀的公司吗？它发展顺利而且速度很快……你的脑海中一定会马上出现一个答案——"当然是。"你根据非常有限的信息得出了一个最佳答案，但是你行动过早了。试想一下，如果随后紧随其后的两个数据是"利润率低"和"负债高"，那你怎么办。

在对雪松控股这家公司做出判断前，请注意有些事你并没有做。你没有自问"在形成对某公司是否优秀卓越之前的看法之前，我们应该了解些什么？"无意识系统在第一个形容词出现后就开始自主运作了，我们马上回想起它进入世界500强的消息了，这种想法的出现很快就提取出来了。如果有新的消息出现（营业收入高但盈利率小，负债高），这个总体印象就会有所变化，但是无意识系统并不会等待也不会出现主观上的不适。对于该公司的总体印象一直存在着。

寻求连贯性的无意识系统和懒惰的理性系统相互结合，意味着理性将会赞同许多无意识反应所产生的印象。理性系统会对证据采取系统而谨慎的处理方法，还能在做出决定之前考虑出现的各种选项。但是，即使是深思熟虑后的决定，无意识系统也能对其产生影响，我们的无意识信息输入从未停止。

在信息和证据不足的情况下过早下结论，同时对数量和质量不敏感，这是无意识引发的直觉性思考。在做股票买卖时，常出现这种现象：我们仅仅凭借一篇研报或新闻就匆忙确定买卖策略，甚至没有对研报的信息和数据进行评估和核对。我们的印象是片面的。

根据已有信息推导出的结论增强了我们的自信心。一个好的论断最重要的是信息的前后一致性，而不是其完整性。的确，你会发现，知道得越少反而可以把已知的所有信息都囊括进连贯的思维模式中。

"眼见为实"的理念一直深入人心，它有助于形成一致性的论断，使我们达到认知放松的状态，使我们相信某个陈述是真实的。这一理念解释了能够快速思考的原因，解释了如何弄清楚一个复杂领域中那些信息片段的含义。在日常生活中，我们拼凑的连贯细节与事实是无限接近的，完全可以用来支持理性活动，但眼见为实的原则还会导致我们出现很多偏见。下一章会具体介绍。

我们竟然是这样做出决定的

不管是提问还是回答问题，理性行为能吸引注意力并搜索记忆来找到答案。而无意识以不同的方式运行，监视着大脑内外发生的事情，没有特定意图，也无须付出多少努力，只是对当时的情形做出全方面评估。这些"基本的评估"在直觉判断中扮演了重要角色。

源于遗传进化的无意识反应

随着人类进化不断完善，无意识系统可以对生物体生存必须解决的主要问题提供一个连续的评估。这些问题包括：事情发展得怎么样了？我们面临的是威胁还是机遇？一切都正常吗？应该前进还是后退？这些问题也许对于生存在城市中的人而言，不像大草原上的羚羊那样紧急，但我们有不断进化的遗传神经机制，可以持续不断地对威胁进行评估。我们通常用好与坏来评价不同情形，要么避开，要么泰然处之，这都没有问题。

区分敌人和朋友的能力可以提高人们在危险世界的生存概率，这种能力也是我们与生俱来的。只需瞥一眼陌生人的脸，就能对这个人的两点重要事实做出判断：他有多强势（因此存在潜在的威胁性）；这个人有多可信（不管他的用意是好的还是充满敌意的）。同时对于语言的理解，也提高了人们在社会中的认可度。而对语言的理解，则是建立在洞察事实和理解信息的基础上的。

这些判断（对朋友和敌人的判断、对语言的理解等）包含了相似度和代表性的判断，对因果关系的属性以及对联想和样本的可用性的判断。尽管判断的结果也是用来满足任务结果的，但是没有具体任务时，这些判断活动照样进行着。

在投资交易中，贪婪和恐惧是人类永远无法绕不过去的坎。我们来看"贪"这个字，拆开就是"今天的钱"。远古时代的人们，还没有能力战胜自然，无时无刻不生活在野兽的围堵和猎杀中，还伴随着天气的阴晴不定，我们必须为自己存储更多的食物，以备不时之需，因此就不得不"贪"下今天的食物。

有句话说，"人生下来就有病，只是成功的人把病治好了。"这些在交易中阻碍我们决策的因素乃是天性使然，如何跨越这个门槛是投资者必须深思熟虑的。

■ 为什么我们对数量完全没有概念

我们可以对众多物品的数量生成一个印象,这无须理性行为参与。如果数量只有 4 个或少于 4 个的话,印象会很精确;如果更多的话,就会变得模糊。

在投资交易中,我们总是有一种满仓交易的倾向。难道仅仅是由于贪婪的缘故吗？当然有这个原因。但是还有一个我们一直忽略的原因:缺乏对于持股数量的敏感性。

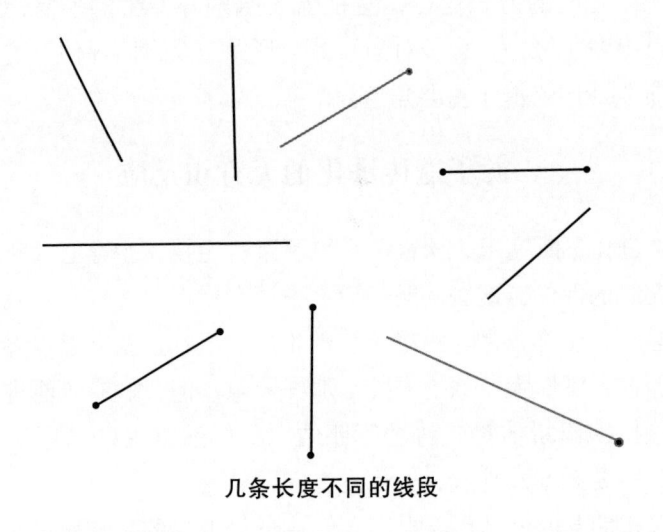

几条长度不同的线段

如图所示,现在有几条长度不等的线段,这些线的总长度是多少？无意识系统无法为这个问题提供建议。解答的唯一办法就是启动理性思维,先尽力估计出平均值,评估或数出有几条线段,用平均长度去乘以条数就得出结果。

如果仅仅利用无意识系统计算出一组线的总长度,其结果多半不对,这一点你很清楚。你认为自己绝不会这么做。事实上,这是无意识系统一个重要的局限性。无意识系统通过原型或一组典型事例来代表不同事物分类,它能解决好平均问题,但对总量问题就束手无策了。一个类别的规模及其所包含的实例数量,在判断总额变量时常常被忽略掉。

在交易决策的仓位管理时,我们的习惯是先计算出一手股票或期货合约在理想情况下的盈利结果,然后从全部资金的角度计算未来可能的盈利结果。其实我们并没有对未来可能的风险做好预估,也没有做好加减仓的交易计划。就像前面线段的案例一样,无意识系统不允许我们直接算出总长度,但它在思维中是占据主导地位的,由此引发的反应也是成功交易的大敌。

■ 类比思维带来了对市场的情绪化投射

比喻、经常被运用于艺术化创作,给生活带来了丰富的色彩。下雨天最

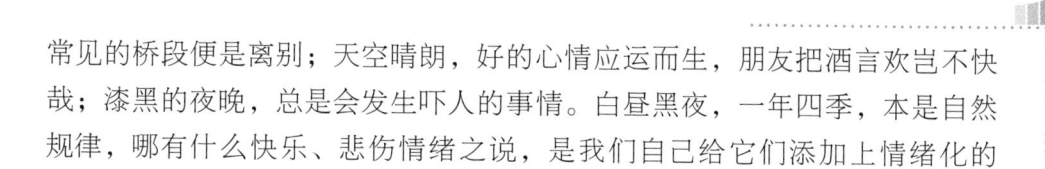

常见的桥段便是离别；天空晴朗，好的心情应运而生，朋友把酒言欢岂不快哉；漆黑的夜晚，总是会发生吓人的事情。白昼黑夜，一年四季，本是自然规律，哪有什么快乐、悲伤情绪之说，是我们自己给它们添加上情绪化的色彩。

与之对应的是，是强度的等级在不同领域内都有相匹配的描述。比如悲伤的情绪，如果是倾盆大雨，往往表达了恋人的生死离别，或是亲朋好友的天人相隔；如果是淅淅沥沥的小雨，常表达了主人公的哀伤忧虑之情；高亢的声音，万马奔腾；低吟的声音，鱼游浅底，不同的声音带来了不同的意境。

不同的文化领域，可能会做出不同匹配。我们常常通过一个范畴向另一个范畴来回答问题，而忽略两者可能只是相关关系，而非因果关系，或者两者之间毫无关系。错误的匹配带给我们生活中错误的情绪化投射，为什么下雨天不能高高兴兴的？

通过对期货日内交易者的研究可以发现，心情好的时候，仓位的比重总是比较大，而且更加频繁交易。甚至天气晴朗的时候也会比雨雪天时更加激进地交易，这真是让传统经济理论中的"理性人"蒙羞。

思维的发散性让我们做出直觉性判断

无意识系统可以在任何时候同时进行多种估算，其中有些估算是持续不间断的常规评估。只要眼睛是睁开的，大脑就会对视觉范围内呈现出的立体事物进行评估，这些评估是对这些物体的形状、空间位置和特性等因素的全方位评价。这一评估活动的运行或对违背期望的事物进行持续监督的行为都是无意识的。与这些常规评估不同，其他评估行为只有在需要时才会进行：我们不会持续评估自己有多高兴或多富裕，即使热衷经济研究，也不会一直不间断地评估经济发展前景。偶尔的判断是主观自愿的，这种判断才是有意识的。

我们不会不由自主地数出每个读到的词的每一个字，但如果选择这样做，就能够读对。不过，想要使计算的结果很精确并非易事：计算的结果往往会比实际的数目多或少。这种过量计算的过程就体现了"思维的发散性"。如同想要用霰弹猎枪瞄准一个点是不可能的一样（它射出的子弹是发散的），想要让无意识完全执行理性的命令而不做多余的工作也很难，这一点和霰弹枪的原理很相似。

我们来做一个小游戏，听下面三个几个句子，如果句子是真的，就要马上按下一个键，如果是假的，就按下另一个键。对以下这些句子的正确回应是什么呢？

有些路是蛇形的。

有些工作是蛇。

有些工作像监狱。

这三个句子从表述上看都是错的。不过,你很可能已经注意到了第二个句子比另两个句子错得更明显,实验也证实了这一本质性不同。之所以存在这种不同,是因为第一句、第三句两个句子从比喻角度看来是正确的。

利用替代和联想解决目标问题

不知你有没有发现，你很少被问题难倒。的确是这样，偶尔你会碰到这样的问题："17乘以24等于多少"你无法立即想到答案。但这种时候毕竟是少数。当大脑处于正常的状态时，你几乎对眼前出现的所有事情都有直觉和想法。对一个人不是特别了解时，你就知道自己是不是喜欢他；你也不知道自己为什么会相信或不相信一个陌生人；你没有做过调查分析，却能感觉一家企业能不能成功。有时，对于一些无法完全弄懂的问题，你也总能做出答案，而回答的依据是什么，连你自己都说不清道不明。

思维的替代功能帮你找到答案

我曾经自问：人们在对可能性没有任何了解的情况下，是如何成功做出可能性判断的呢？我觉得，人们一定不知道通过什么方式将可能需要完成的任务简单化了，由此，我开始研究人们是如何做到这一点的。我的答案是，当人们按照要求对可能性做出判断时，他们实际上是对其他的事情作了判断，并且以为自己完成了可能性的任务。

当遇到有难度的问题时，我们总是很难快速找到令人满意的答案，于是无意识系统就会找到一个相关问题来回答，这个问题比原来的问题更易作答，我把这种回答一个问题而绕开另一个问题的做法叫作替代。

你这些天对生活满意吗？今后六个月经济形势会如何？骗老人买保健品的骗子们应受到何种处罚？这位女士在公司的发展道路上能走多远？想要真正解决这些问题根本不可能，但是你不要受制于完全意识的答案，经过认真推理之后，可以找到简单的替代答案，尽管这种方法有时很有用，而有时却会导致严重的错误。

你这些天对生活满意吗？	我现在心情如何？
今后六个月经济形势会如何？	经济形势现在怎样？
骗老人买保健品的骗子们应受到何种处罚？	遇到这些骗子，我会有多生气？
这位女士在公司的发展道路上能走多远？	这位女士看起来像个未来赢家吗？

思维的联想功能可以使懒惰的理性系统摆脱很多繁重的工作，快速找到难题的答案。你现在的心情如何，对当前的经济水平是否满意，你对保健品骗子的感觉，以及你对这位女士的印象，都会立即呈现在脑海里。无意识系统给每

第一部分　我们是理性的动物，还是感性的奴隶

个有难度的目标问题都准备了一个现成的答案。

在做投资决策时，我们会对于未来市场走势做出自己的判断，但这种判断很容易受到当前交易盈亏的影响，甚至此时的情绪都会给判断带来"升贴水"。同时持仓状况也和对于交易盈亏的期待，在强度上是匹配的。如果此时你陷入了财政危机，可能在仓位布局上更加冒进大胆。你对资金的渴求程度越强烈，对风险的意识越薄弱。

在生活中也是这样，情感和对行为的认知也是按强度分级的。当看到了遭受诈骗的老人们凄惨的结局时，你也会对骗子们更加愤慨。当那位女士从容大度的气质深深吸引了你时，你自然会对她的未来更加看好。

思维的联想功能和强度匹配帮助我们遇到有难度的问题时，匹配一个简单的答案，而且理性也认可我们的答案。当然理性系统也可以拒绝这个简单的直觉性答案，或者通过整合其他信息来改变它。但是，意识系统遵循最省力法则，不经检验就认可这个答案。你不会被难倒，也不必非常努力，甚至你没有注意到答非所问。此外，你也许没有注意到目标问题很难，因为脑海里会迅速地闪出一个直觉性答案。

■ 眼见未必为实

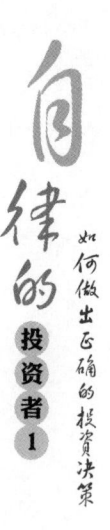

在这幅图中，这三个人谁更为高大？我们很快就得出了那个更明显的答案：右侧的人更高大。但如果用尺子量一下，你就会发现实际上他们体型一样。你对他们体型的印象受到强大错觉的控制，这种错觉也正是替代过程的最佳解释。

看图时，你的感知系统会很自然地立体化，右侧的人比左侧的人离我们更远，显得更高大，但是这个图实际上是平面的。对于我们来说，此时有替代作用：对立体图形大小的印象左右了对平面图大小的判断。

立体大小替代平面大小，是自主发生的。图片中的一些暗示会让图片产生立体感。尽管这些暗示和需要完成的任务（判断纸上人物的体型大小）并无关联，你本该忽略这些因素，然而却做不到。立体感使图中的物体看起来更大。正如此例所示，基于替代的判断必然会如预想的那样失之偏颇，而它的发生是不由自主的。

我们来看一个类似的案例：

你最近很开心吗？

你最近做交易的盈亏如何？

那些最近盈利颇多的投资者比那些亏损的投资者更开心吗？答案是否定的，两个答案的关联度几乎为零。显然，投资者在评价自己的心情时，首先想到的并不是投资结果。我们再来看这两个问题，但次序正好相反：

你最近做交易的盈亏如何？

你最近很开心吗？

这一次的结果完全不同。在这种顺序下，交易结果和心情的相关度能达到相当高的水平。其间发生了什么呢？

原因很简单。不同的交易结果对投资者的情绪是有影响的。最近盈利颇多的投资者想到自己的收获自然会心情愉悦，而那些连连亏损的投资者心情往往很郁闷。因此看到第二个问题时，由第一个问题引起的情感就在大家的脑子里徘徊，影响整个问题的答案。

这个案例和上面体型判断的案例很相似，都可以采用相同的做法。难道我们真的不知道这两个问题在颠倒了次序后，就变成了不同的问题了吗？当然不是，只是我们把是否开心和交易结果的盈亏混为一谈，但其实这两个问题概念并不相同，于是潜意识系统就用已有的答案作答了。

这样的案例在交易时也比比皆是，在基于对上市公司长期看好的预期下买入的股票，我们常常会因为那些短期意外事件导致的下跌而匆忙卖出，殊不知这反而是加大仓位的好时机。此时的卖出行为不过是人们非理性的恐慌所致，是一种对意外事件的过度反应。这些意外事件的爆发类似于体型判断案例中的阶梯、光线等暗示，使我们对于未来的预期失去了应有的信念。短期内的情绪波动导致了亏损的出现，从而错过了降低持股成本的大好时机。

因此，在日常生活中，我们对于事物的感知，往往受所见所感的影响。而在交易决策中，最近的一笔交易会直接影响我们对下一笔交易的态度，这也许就是"眼见为实"带来的影响吧。

你的好恶决定了你的世界观

对于新的政策是否满意，你首先想到的是该政策能给自己带来多少好处；你对转基因食品、文身等事物的态度也会左右对这些事物的感受，如果对这些事物通通不喜欢，那么无论他们是惠及生活还是充满风险，你都会感觉他们利少弊多，根本不会给生活带来什么好处。

最后的结果并不意味着你的思维完全停止了，也不意味可以完全忽略信息和合理解释得出自己的结论。一些对于投资持反对态度的人，在了解到投资本身的风险并没有自己想象的那么大时，对投资本身的看法及情绪就会发生变化。同时，这种对于这种低风险的暗示，也会使你对于金融投资的收益变得更加乐观，尽管你接收到的信息与利润没有任何关系。

理性系统具有主动搜索记忆的功能、复杂计算功能、比较功能、规划功能和决策功能。在很多需要无意识和理性共同作用的行为中，理性系统似乎总是处于最高决策地位，并有能力抵抗无意识的建议，使事情放缓，开始进行逻辑分析，自我批评是理性的功能之一。

在态度方面，理性系统更像是无意识系统的各种情感迎合者而非批评者，也可以是各种情感转让者而非实施者。它搜寻的信息和论据大部分与已有看法一致，并不会对其进行调查审核。而无意识行为也需要理性的行为提供各种解决方案。

第二部分

不依赖于情境的决策是不存在的

> 决策的背后,
> 是思维与认知的附庸。

不是先看见再定义，而是先定义再看见

当我们打开电脑查看走势图时，当我们打开微信订阅号搜集市场信息时，我们所看到的东西在多大程度上是由预期决定的？

我们常常认为，自己看待事情是完全没有偏差的，然而越来越多的证据表明，要避免知觉偏差几乎是不可能的，即使对于眼前的东西的观察也很难不受已有观念的影响。事实上，人们会选择性地去认知那些他们所期望和愿意看到的事物。

我们的认知是有选择性的

在当代社会，我们都是通过书籍、报章杂志、电视和互联网等来认知自己想要了解的信息，这些也都是用以向大众传播或影响大众信息的大众传播工具。这种认知行为，更多的时候是基于自己的预期和偏好，也可以理解为把认知到的信息通过喜好程度进行分类和理解。这种选择性认知的过程实际上是自动的，也就是说潜意识的。

我们很容易能察觉到别人在做出判断时的偏见，但却很少察觉到自己被误导。有一种解释是在日常生活中人们接受了太多的刺激信息，因此我们不可能对每一个事物都付出同样的注意力，所以只能选择对自己有用的信息。

我们来看这幅图，它是由环绕在周围的黑色阴影部分和竖立中央的白色部分组成。但是，当我们仔细观看这幅画时，如果看四周的阴影部分，就会看到两个侧面的人头；如果看中间白的部分，看到的则是一个花瓶。

在观察事物的时候，我们总是会有侧重点。我们可能看到了其中的一部分，然后，将其作为主体，而其他事物就成了背景。

同样的道理，在做投资分析和决策时，面对着浩如烟海的信息，我们更可能意识到那些可以验证自己观点和行为的信息，比如你持有油脂期货的多单，往往你更可能关注油脂产业利好消息，同时我们也更容易注意到能够满足我们自信和自尊的那些信息，而对那些有可能让我们产生挫败感的消息视而不见、听而不闻，我们会拒绝那些现货油脂库存高企、未来到港量巨大等利空的消息。

知觉结构很大程度上是由我们的预期所决定的，这些预期也是建立在过去和情景的基础上。当人们对某一特定情况有了足够的经验时，就会看到那些他们所预期看到的东西。

你的预期影响了你的认知

小明暗恋身边某位长相漂亮的同事，每天都在心里想她却又不好意思表白。神奇的是，想得越多就越能够不经意地在各种场合遇见，让小明每天都活在小鹿乱撞的心情中。

为什么小明总能遇到他暗恋的对象？其实暗恋对象只是正常时间出现在正常地点，没有小明的暗恋，她也会出现在这些地点，只是小明因为喜欢对方，每次都更容易注意到暗恋对象的存在，而忽视了身边的其他人，所以在小明看来就像是：好神奇，我和她好有缘，在哪里都能遇到！

当市场处于下跌趋势时，由于我们持有多头仓位，使我们对于期价反弹有很强烈的预期，即便是期价的日内反弹，我们都会赋予过高的权重，这在很大程度上误导了对于下跌趋势的认知。因此在交易分析与判断时，我们要不断地转换多空角度，多从容易忽略的地方去剖析，形成新的思考方式。

无论是社会生活，还是投资决策中，我们的知觉很容易受到已有信念和预期的强烈影响，与此同时，也会受到希望、欲望以及情感等因素的影响。

不要为你的亏损找借口

2018年俄罗斯世界杯决赛在法国和克罗地亚之间进行。很多克罗地亚球迷尽管承认自己支持的球队和法国队之间的差距，仍然希望球队夺冠。不幸的是，法国队技高一筹，捧得大力神杯。面对这样的结果，大量狂热的克罗地亚

球迷把原因归咎于曼朱基奇的乌龙和佩里西奇的手球送点，以及格列兹曼颇有争议的摔倒和法国队领先之后的防守反击，而无法正视两队之间实力上存在的客观差距，以及赛前状态的强烈反差（克罗地亚之前的淘汰赛全部经历了加时赛，体力遭到了巨大消耗）。

交易者都惧怕亏损造成的痛苦，而面对亏损时经常自我辩解。我们的这种认知错觉让交易者倾向于忽略掉自己在决策中所犯的错误，而寻找其他原因。在市场好的时候，所有人都赚钱，有人错把市场的 β 当作自己的 α；而当市场差、β 消失的时候，这些人却回避自己的问题。优秀的交易者不应该责备市场、抱怨环境以及任何外部因素。交易者必须为自己的交易结果负责。

侥幸才是投资最大的风险

成功的投资者可能有各自不同的交易方式，但止损却是保障他们获取成功的共同特征。世界投资大师索罗斯说过，投资本身没有风险，失控的投资才有风险。学会止损，千万别和亏损谈恋爱。止损远比盈利重要，因为任何时候保本都是第一位的，盈利是第二位的。那为什么止损如此难以做到呢？

最重要的原因还是侥幸心理作祟。很多投资者尽管对于趋势破位有了明确的认知，但由于持仓因素作祟，导致方寸大乱，患得患失。当价格到达止损位时，止损位一改再改，总是想再看一看、等一等，进而错过止损的大好时机；有的投资者临时变卦，逆势加仓，企图孤注一掷，以挽回损失；有的投资者在亏损扩大之后，干脆变身"鸵鸟"，听之任之。

我们的知觉是有选择性的，在很大程度上取决于自己的认知和动机因素。因此，在做任何重大决策或判断之前，很值得停下来想一想一些关键的问题：我看待事物的方式是否受到了某种动机的驱使？在看待和处理问题时是否夹杂了自身的预期？是否与那些与之不同预期和动机的人交换过意见？通过询问这些问题，决策者可以发现能够引发知觉偏差的认知和动机因素。

每个人努力使自己的内心世界没有矛盾

人们为了自己内心平静与和谐，常于认知中去寻求一致性，但是不协调作为认知关系中的一种，必然导致心理上的不和谐。而心理上的不和谐对个人构造自己内心世界是有影响和效力的，所以常常推动人们去重新建构自己的认知，去根除一切搅扰。

我的损失只是账面损失而已

有时候尽管你很不喜欢你的上司夸夸其谈，但为了怕他报复你而恭维他，这个时候你会常常感到心里紧张，你会采取多种多样的方法以减少这种紧张，比如躲避上司的眼神等；你很想戒掉你的烟瘾，当你的好朋友给你香烟的时候你又抽了一支烟，这时候你的行为与态度产生了矛盾，你可能会将原因归咎于这是必要的社交。

人对某种目标怀着坚定的信念，并为此投入了很多精力，但最终发现那个目标根本没有实现，这会引起很强的失调感。消除这种由于徒劳的努力引起的失调感是很困难的。因为已经付出的努力是不可挽回的，即使改变原来的信念，也无法消除失调感："我曾为某种信念投入了巨大的劳动"与"事实证明这种信念是不真实的"。

这时，人只好寻求其他方式，可作的选择是对已有的事实作少许让步。比如说找些看上去还说得过去的理由为已存在的开脱，或是简单地承认在这次活动中有些小的失误，但总的信念系统是正确的。在对事实做出小的让步的基础上，以更加坚定的方式信奉原来的信念，并更加努力地宣传它和维护它，以此缓解人内心中怀有的失调感。

为了减少失调，投资者将有选择性地领悟和关注有利于他们决定的事而忽略那些表明其选择是不明智的事，所以尽管所做多的品种价格开始有下跌的倾向，他们也不会卖出持仓。如果价格真正开始下跌，他们仍不会卖出持仓，因为如果卖出的话，将会导致新的失调。认知"我是一名精明的投资者"和认知"我亏损出局"是不协调的。

如果价格继续下跌，投资者可能创造一个新的认知以减少由"我是一名精明的投资者"与"我亏损出局"这样的认知引起的失调。新的认知也许是"在开始上升之前往往都要经历调整"或者"我的损失只是账面损失而已，账面损失不算什么"。

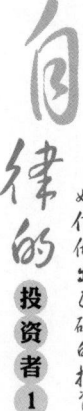

投资决策中会出现怎样的失调呢？

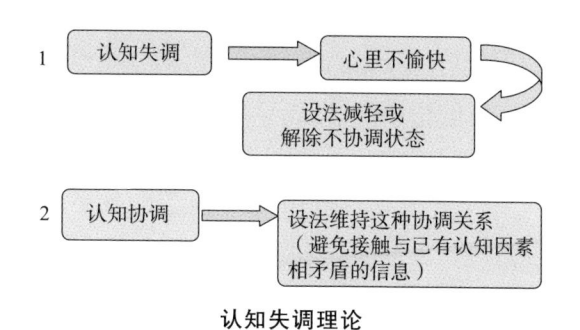

1　认知失调 → 心里不愉快
　　　　　　　　设法减轻或
　　　　　　　　解除不协调状态

2　认知协调 → 设法维持这种协调关系
　　　　　　　（避免接触与已有认知因素
　　　　　　　　相矛盾的信息）

认知失调理论

如图所示，认知失调理论是由美国社会心理学家费斯廷格提出的一种态度改变理，是指个体认识到自己的态度之间，或者态度与行为之间存在着矛盾。费斯廷格认为一般情况下，个体对于事物的态度以及态度和行为间是相互协调的；当出现不一致时，就会产生认知不和谐的状态，即认知失调，并会导致心里紧张。个体为了解除紧张会使用改变认知、增加新的认知、改变认知的相对重要性、改变行为等方法来力图重新恢复平衡。

那么在投资决策中我们会出现怎样的失调呢？

（1）决策后失调：当投资者针对不同特点的品种间作出选择时，选择后易产生失调。

（2）强制服从失调：当投资者受舆论或媒体影响而采取与自己交易系统不一致的行为时产生这种失调。

（3）接触新信息造成的失调：投资者有意或无意地接触新理念、方法、消息时，可能使现存的认知受到威胁，从而产生失调。

（4）社会支持体系造成的失调：投资者的认知受到舆论或媒体的反对，或自己受到影响接受新信息时产生这种失调。

对于心理上的不适，这种失调的存在将推动人们去努力减少不协调，并达到协调一致的目的；除设法减少它以外，人们还可以能动地避开那些很可能使这种不协调增加的情境因素和信息因素。

因此，在投资决策中，常出现很多这些合情但不合理的行为：持仓时我们总是对自己的行为后悔不迭，空仓时却总是犹豫不决；总是忽略那些与交易方向不一致的信息，反而去寻找那些能够验证自己观点的信息；总是埋怨自己受到他人的影响而从来不怪罪自己等等，在投资行为无法改变的情况下，我们总是改变自己的态度达到消除不协调感。

怎么改变我们这种失调呢

（1）改变行为，使对行为的认知符合态度的认知。比如知道"频繁交易对账户不友好"而"每天频繁交易"的人，不再频繁交易，这样，两个认知元素便协调起来。

（2）改变态度，使其符合行为。如认为"自己比别人都聪明"，而交易同样失败的投资者，改变对自己原先的评价，认知到自己不过是资质中等甚至偏差的投资者，普通人所犯的错误自己也很难躲避，这样认知就达到了协调。

（3）引进新的认知元素，改变不协调的状况。如为了缓解频繁交易问题上出现的认知不协调和紧张，可以寻找日内交易高手的故事，甚至利用主力的阴谋为因频繁交易而导致的仓位亏损行为解脱。

这三种解决途径是从"知"、"行"角度入手，来达到消除认知不协调的目的。我们先来看看在生活中，怎么改变我们的这种失调行为？

在行为之前：浪费水、电的居民，在先前签下承诺书保证自己节约用水用电后，其使用量会显著减少。由于他们原有行为和承诺保证二者出现矛盾，居民通过改变原有行为的方式，来协调认知。对自己的目标进行书面承诺或公开承诺，现实与承诺之间的清晰差距会导致认知不和谐，大脑出现不平衡，保持心理平衡的动力会自动缩小这个差距，促成目标的达成。

在行为之后：班级选举，张三和李四均为候选人，当他们作完各自竞选发言之后，你要选择支持其中一个，并投他一票。当投完票后，你可能觉得你支持的候选人张三就是最佳候选人，最有可能赢得选举。因为你的行为即投票需要和你的认知保持一致，否则将产生不协调感，为了避免这种感受，在你行为后，认知也更加向行为的导向靠拢。

那在投资决策与判断的过程中，应该如何改变我们的这种失调呢？

在交易行为发生之前，对信息的选择或避免决策错误时，我们会根据个人对交易的情感不同又有所区别，积极的情感下，如兴奋、激动、向往等，会选择性地收集支持的信息，屏蔽反对的信息，这会直接导致决定的不准确。

在面对诸如，如害怕、恐惧、愤怒等消极的情感时，会使我们放大消极的信息，停止或放慢收集积极的信息，这会导致决策的另一种冲动，同样导致决定的不准确。

在两种情感之间的是收集大量的信息，消极的和积极的都有，形成信息的过载，最终导致选择困难，越重要的决策选择越困难。

当投资者一旦决定做出交易，他们就会自圆其说。投资者在买入之后，出现了认知不和谐。他开始关注对他持仓的利好消息，屏蔽不好的消息，相信一些想象中的未来，甚至有了"利空出尽是利好"的说法，当资金曲线开始下跌时，他会认为只是一时的下跌，持仓没有问题，由短线转为中线，甚至长线。

对于投资来说，建立自己的交易系统并严格执行可以规避认知不和谐的影响，我认为，对于手里的持仓要经常这样归零评估：如果手里没有仓位，是否愿意现在买入？如果不愿意买入，要考虑是否应该卖出的问题，而不是相信那

些一厢情愿的理由。另外一种方法是经常进行卖出假设，收集支持卖出的信息，和支持持有的信息进行比较，才能相对客观地判断操作的方向。通过加仓的方式来摊薄成本，这往往是越陷越深的开始，导致更大的损失。

交易对自己越重要，认知不和谐就会越严重。在期市中要先用少量的资金去测试自己的交易系统和评价自己纪律情况，测试通过后再加大投资，避免由于严重的认知不和谐造成巨额损失。

行为的改变也可以引起态度的改变

在参加一些免费的营销活动，如试乘试驾、房产推介、免费体验后，会出现认知不和谐，开始为自己的参与行为找一些"正确的"理由，而这些理由在营销活动中已经通过隐性或显性的方式展示了出来，大脑选择了其中的一些来接受。老年人抱着肯定不会买的心态去参加某些保健产品组织的活动，参加次数多了，认知不和谐逐渐积累，这些保健品对身体有益的想法开始占主导，也就是我们通常所说的"被洗了脑"，这些想法与没有买产品的行动之间出现了不和谐，尤其是看到有人买了，自此认知不和谐被人所利用，因而我们要注意防范。

众所周知，态度的改变会引发行为的改变。但态度的改变也可能由于行为的改变所引起，人们为了保持行为和态度的一致性，不得不改变他们的信念使之与行为保持一致。大多数人终日做着矫饰行为，因为他们会自我蒙蔽，但如果有人来强迫你面对这种行为，恐怕你就无法对此付之一笑了。

我们可以通过认知不和谐对别人产生影响；对自己来说，既可以通过认知不和谐来实现自己的目标，也要认识到自己会有认知不和谐，做重大决定时，多想想自己刚开始接触时的观点和有意收集反对的观点，会有助于提高决策的准确性。

记忆是存进大脑还是提取时重建的

"记忆可以比作大脑中的储存器,我们将一些东西存进这个容器,等到需要的时候再从这个容器中取出。有时候,一些东西会从这个容器中漏掉,这时候我们就会忘记一些事情。"你认为这句话是对还是错?大部分人都会同意这种看法。

实际上,这句话存在严重的错误。记忆并不是事情发生的时候被我们存进记忆库中的拷贝。相反,记忆是我们提取它的时候才建立起来的。在发生重建的这一瞬间,我们所用到的重建材料也就是那些填补缺失细节的逻辑推断。

记忆总是偏离轨道

在初中一年级的时候,我和班里的一位同学打了一次架。许多人在叙述自己打架的时候都要在前面做一点补充,补充什么呢?先说明被打的那个家伙不是东西,该打。我也是这么干的,我一次又一次地告诉大家,我的这个行为是正当的。

其实,在打架之后,我被父亲狠狠"修理"了一顿,可我从来不说这个事情。这就涉及我要说的第一个问题:面对记忆,我们时常会做道德上的修正。这种修正是不自觉的,道德上的需要一下子就使记忆变形了。

记忆是利己的,它不可能具备微言大义,它做不到不虚美、不掩恶。记忆最大限度地体现了人类的利己原则,这是人性的特征之一。

记忆不只是自利,在道德上做不自觉的修正,它还有第二个特征,那就是美化倾向。还是说初中阶段的那次打架吧,这件事我说过许多次,我发现,每一次叙述我都要添加一点东西,说到最后,快把自己说成金庸小说里的武功高手了。这是一个逐步演变的过程,故事被我越说越精彩,戏剧性越来越强,为什么要这样做?我不知道。在主观上,我没有撒谎的意图。我只想说,记忆一旦遇到当事人的叙述,它就会脱离事态的真相,离虚构越来越近。虚构又何尝不是人性的特征之一呢?

所以,记忆的特征和文学的特征有相似性,记忆一旦偏离了它的正常轨道,就离不开人性的外部处境,有时候,让记忆偏离轨道,也许正是我们内心的一点需要,这需要其实挺可怜的,它有没有抵抗的意思呢?它是不是也构成了当事人与现实的关系?我不知道。

千万别掉入自己挖好的陷阱

当意识到自己"需要"想起一些事情时，我们会用自认为合理的方式，重新提取和整合存放在大脑中的信息，形成一段记忆叙事。如果一些细节模糊了，大脑甚至还会将其他记忆中的细节拿过来，填补这段记忆的空缺。人们的情绪、图形想象能力，信息出现的次数，以及身边人的记忆，都会对记忆产生影响。

在记忆中，那些使我们产生情绪的事物，总让我们的记忆更加深刻。由于情绪造成的注意力集中，我们很自然地收集更多信息进行记忆，也会反复地回忆起引发情绪的信息，从而加深了这些细节的印象。

比起那些小盈小亏的交易经历，投资者更容易记起那些唤起负面情绪的巨亏经历。恐惧、害怕、迷茫的投资者如深夜独行，瞧见些许荧光就如同看见了胜利的曙光，并且深信不疑，好像有了走下去的动力。

当然了，人们的想象能力越好，越容易形成虚假记忆。人们总是依靠记忆的细节多少，来判断事情是否发生。即使我们没有经历过一些事情，我们依然可以通过想象，虚构出生动的细节。过了一段时间后，当人们提取那些虚构出的细节信息时，我们就会忘记这些细节都是自己想象出来的。

谎言重复得多了，确实可能让我们信以为真。当我们看见曾经反复出现过的虚假信息时，我们会凭借自己的熟悉感，判断这个信息是真的，却不记得它来自一个不靠谱的信源。

那些爆仓的投资者无不对自己在股市期海中编织的美梦信以为真，他们幻想出美丽的海市蜃楼，用虚假记忆维护着自己残存的自尊，在亲朋好友之间维护自己的脸面，从来不敢正眼面对自己的持仓统计，一步一步地掉入自己挖好的陷阱。

我早就知道这一切

你每天可能会对一百个公司起意，其中可能大约有两三个公司最后能一飞冲天，但是把剩下九十七家公司给忘在了脑后，而选择性地去懊丧那些极少数的错过的机会；从概率上而言，你其实更容易投资到一般的公司。

经济学家和股评家也是如此，他们总是在经济事件发生之后或股市收盘之后证明自己有多聪明。

每个人都或多或少地存在此类心理偏向。比如，"我早就知道股市会大跌"……但是，如果有人宣称自己"早知如此"时，中国人的看法往往是，这个人是"事后诸葛亮"。

常识存在的一个问题，那就是在我们知道事实之后才想起它的存在。事后聪明总比先见之明来得明显容易。有实验表明，当得知实验结果时，人们便突然觉得结果不是那么令人惊讶，至少相对那些仅得知实验程序或实验预期结果的人们而言。一旦新知识在手，我们那卓有成效的记忆系统便会自动更新过时的假定。

"我早就知道"这一现象不仅令社会科学的发现看起来与常识无二，可能还会带来致命的后果。它可能令我们妄自尊大，即高估了自己的智慧。不仅如此，由于结果看起来似乎具有预见性，所以我们更倾向于为那些事后看起来"显而易见"的错误决策去责备决策者，却并不因那些同样"显而易见"的正确决策去褒奖决策者。

在我们心中，自己比其他任何事更关键。通过自我专注的观察，我们可能会高估自己的突出程度。这种焦点效应意味着人们往往会把自己看作一切的中心，并且高估别人对自己的注意度。

投资者认为自己的直觉或者经验能够预测价格的上涨，而且还能预知价格何时开始下跌，并在下跌前全身而退。这种事后回过头看问题总会给人一种超过自身实际能力的自信感觉。但是资本市场是一个复杂系统，存在各种反馈，任何价格的变动都会对反过来影响市场参与者的心理，这种预测往往并不靠谱。

巴菲特在投资中尽量避免犯这样的错误。20世纪60年代对伯克夏·哈撒韦的投资（当年主要以纺织业为主）给了巴菲特非常大的教训，20世纪80年代他被迫将持续亏损的纺织业务关闭。这形成了巴菲特非常重要的投资准则，即投资保持一贯经营原则的公司，避开陷入困境的公司。

不要高估自己，指望自己比该公司的经营者做得更好，能够扭亏为盈。"我和查理还没学会如何解决公司的难题，"巴菲特承认，"但是我们学会了如何避开难题，我们的成功在于我们集中力量于我们能跨越的一尺栅栏上，而不是发现了跨越七尺栅栏的方法。"

如何减少事后聪明式偏差

如果希望减少事后聪明式偏差，那么我们就应该仔细考虑，过去的事件在什么条件下可能出现不同的结果。如果你只考虑为什么事件会出现这样的结果，很可能就会高估这一结果出现的必然性以及类似结果在未来出现的可能性。如果我们只是单纯地告诫我们自己存在事后聪明式偏差并鼓励我们避免出现这种偏差，还不足以消除这种偏差。要避免受到事后聪明式偏差的影响，很重要的一点就是要考虑另一种结果可能在什么情况下出现。

投资者该如何避免事后聪明式偏差了做投资笔记，为你自己做过的交易

（或者极度想做但是最后没做的交易）详述投资（或不投资）的理由。

如果你有这个习惯，你会发现你投资的初衷往往会被新的想法所代替；或者你会发现某些没有赶上的大牛股，最后与其擦身而过其实并不是命，而是自己的智慧不够闪亮。这样你至少不会太苦大仇深。

最好的手段在于生活中注意力的转移，与市场保持一定的距离，能跳出来。有的时候出去走走，看场电影，读一本书，都是很好的选择。

正如钱钟书先生讲的："洗一个澡，看一朵花，吃一顿饭，假使你觉得快活，并非全因澡洗得干净，花开得好，或者食物符合你的口味，主要是因为你心里没有挂碍，轻松的灵魂可以专注肉体的感觉，以此来欣赏，来审定。"

我们从来都不是孤立地理解和解释信息

在做决定时，我们并不是孤立地去感知和记忆某一件事情，而是参考以往的经验和事件发生的情境去理解和解释新信息。情境在此处指所处的环境。在决策方面，不同的情境可以解释许多错觉产生的原因。

同一件事物感觉不同，是因为参照物不同

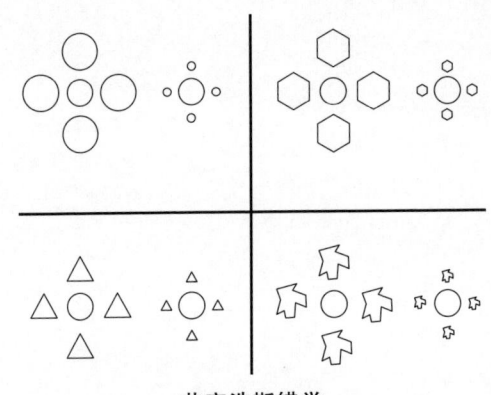

艾宾浩斯错觉

上图是著名的艾宾浩斯错觉图，先看左上方的图，两个完全相同大小的圆放置在一张图上，其中一个被较大的圆围绕，另一个被较小的圆围绕。大圆中间的圆看起来会比小圆中间的圆要小。

关于这个效应我们还可以做一个简单的小实验。首先准备三个大碗，之后向碗中分别倒入冷水、温水、热水，先将两只手分别浸入热水和冷水中，等待适应水的温度后，先将浸入热水中的手放入温水中，等待 5 秒后，再将浸入冷水的手伸入温水中，结果大家估计也猜出来了，由热水放入温水的手会感到冷，而由冷水到温水的手中则会感到热。

当我们对温度识别、颜色识别和重量估计等知觉进行判断的时候，对比效应常常起到明显的作用。当然，只有用于对比的刺激物彼此相似，这种效应才存在。就像上面的图片，如果围绕圆圈的图案变成六边形时，这种错觉就变弱了；当围绕物变成三角形时，这种错觉就更弱；最后围绕物变成不规则的多边形时，这种错觉就会降低到最小程度。我们不难发现，即使是简单的大小判断

也在很大程度上取决于情境变化。

圆圈大小是否一致，主要是看围绕物的大小；同样的水温，在不同环境的感受完全不同，这就是对比效应。面对同一个事物，但参照物不同，则可能会产生完全不同的感觉。但狭窄的、短期的对比必然带来行为偏差。比如在看上市公司业绩时，有的公司往往预增1000%以上，该公司大概率不是好企业，因为去年同期可能业绩极差。

投资者应该从各个角度去审视利弊得失、长短高低等，以理性和客观角度全方位考察。小马过河前，除了问老牛和松鼠，还得亲自去量一量，最好去问问和自己身高差不多的有过过河经验的小马。唯有如此，才能突破老牛和松鼠的对比效应。

第一印象很重要

记得来青岛读书，第一次进校园的时候迷路了，恰好有两位同学路过，一位留中分，一位留偏分。他们看上去虽不是风度翩翩、神采飞扬，但在我看来也是一副忠厚老实，让人信服的样子。

言谈中了解到他们是我老乡，"中分"还是同班同学。两人不由分说拎起我的被子、行李就在前面带路，热情得不得了。同窗几年我们关系一直很好，毕业后都留在了青岛，隔三岔五一起喝酒聊天，几十年了情谊如初，毫不褪色。

这其实是"首因效应"在作怪。人与人相处，好的第一印象可以迅速拉近彼此之间的距离。形象影响着别人对你的印象，好的形象使你看上去更具有魅力、吸引力，如此才会让人不由自主地愿意亲近你、靠近你。相反，当我们对一张面孔或者一件事排斥的时候，其实我们心里早就设定了"坏原型"，当交往对象接近"坏原型"时，我们便会不自觉地产生排斥和厌烦的感觉。

为什么首因效应对认知和交往起着这么大的作用呢？这还是要从大脑信息接收和整合过程来看。我们最先接受的信息所构成脑中的核心知识或记忆结构，而后输入的其他信息只是被整合到这个记忆结构中去，由于是初始信息的补充，因此新信息也就很难偏离初始信息的轨迹。另一方面，初始信息在接受过程中没有受到任何干扰，信息加工精细；而后续的信息则容易受到忽视，而且信息加工粗略。

在社会认知和交往过程中，我们通过"第一印象"最先输入的信息对以后的认知和交往产生着很大影响。对于这种因信息输入顺序而产生的效应的现象就是首因效应。第一印象往往带着陷阱，但却是最鲜明，最固化的印象，在楼市买房的时候中经常会遇到。譬如旅游地产会把庄园、海景、草地、雪山作为卖点，让你产生一种错觉：买了他的房子就等于选择了"面朝大海"的生活方式。我想问，你作为一个职业离不开北上广的白领上班族，"面朝大海"的生活方式，跟你有什么关系？刚需都没解决，你就敢买一年也住不上几天的三亚海景房？

经常听到某家公司又出了网红爆款产品，就是放在投资市场来看，也并不少见。评价一只产品以及背后的基金经理，看的是实战成绩，但是随着越来越多的"明星"基金经理、产品的出炉，投资者难免第一时间受到营销包装的引导，而忽略最真实的信息。

最喜欢的持股期是永远

与首因效应相对应的是近因效应，是指在多种刺激一次出现的时候，印象的形成主要取决于后来出现的刺激，即社会认知或交往过程中，我们对信息或他人最新的认知占了主体地位，掩盖了以往形成的对信息或他人的评价。

在学习材料后进行回忆时，对该资料中的最后几个项目的回忆是从短时记忆中提取的，这种短时记忆的提取促成了近因效应。在人的知觉中，如果前后两次得到信息不同，但中间有无关工作把它们分隔开，那么后面的信息在形成总印象中起作用更大。前后信息间隔时间越长，近因效应越明显。原因在于前面的信息在记忆中逐渐模糊，从而使信息在短时记忆中更为突出。

这种近因效应造成的投资偏差存在于全球范围内，在中国尤为明显。相比其他国家的投资者，中国投资者交易更频繁，且他们受从众动力的驱使而买卖。但把这点仅归为偏见也许是错误的。

沃伦·巴菲特说："我们最喜欢的持股期是永远。"显然巴菲特在这句话里说的不是指在中国的投资。在大部分学术界已研究过的更成熟的市场里，投资者深信投资一家优质公司并历经涨跌地持有其股票几十年是一条简单的致富之路。这种投资方式在美国成效卓越。

未来将出现更多优质的、适合做长期投资的中国公司，且中国股市与全球投资者的联系也会愈发紧密。随着这种改变的出现，避免近因效应造成认知偏见将成为日益强势的致富之路。

近因效应一般不如首因效应明显和普遍。在印象形成过程中，当不断有足够引人注意的新信息，或者原来的印象已经淡忘时，新近获得的信息的作用越来越大，就会发生近因效应。性格特点也影响近因效应或首因效应的发生。一般心理上开放、灵活的人容易受近因效应的影响；而心理上保持高度一致，具有稳定倾向的人，容易受首因效应的影响。

同首因效应一样，近因效应忽略了以往信息的参考价值，从而不能全面、客观、公正地看待问题。那么，我们怎么样去避免这两种效应导致的认知偏差呢？

事实上，我们无法避免偏见，因为那些偏见已深深地印在我们脑海里。但我们可以尽量避免偏见对我们的控制，如通过寻找反对意见或看法以规避偏见；在交易之前，你应写下每次交易的日记，包括你为什么买入，卖出的原因。这不仅能帮助你依计划行事，也能让你看清思维模式里的偏见或错误，从而形成一个更好思维方式。

情人眼里出西施

美国心理学家曾经做过这样一个实验，他们让参与实验的人看一些照片，并评价照片上的人。照片上的人有些相貌很好，有些相貌很普通。

研究的结果显示，大部分人会认为相貌好的人性格也会很好，比如幽默、聪明、和蔼可亲等。而相貌普通的人则会被认为性格不太理想，比如内向、不爱说话、自卑等。

但我们都知道，长相与性格并没有太大的关系，长相好的人性格也可能很暴躁，长相普通的人也可能性格温和。

为什么会产生这样的现象呢？当认知者对一个人或某件物品的某种特征形成印象后，他便倾向于据此推论其他方面的特征，这就是"晕轮效应"。这本质上是一种以偏概全的认知上的偏误。

投资者们都有自己的选股标准，有的用技术指标，有的用财务数据。无论使用哪种方法，选股的时候经常会以偏概全。比如很喜欢某只股票，当一种指标显示买进或一种财务数据比较优良，就急于买进，从来不会对股票进行客观、公正、理性的分析。

投资者在上一轮投资中，因为某只股票亏了钱，会对这只股票产生反感。下一轮投资启动后，基本上是不会关注这只股票的。正因为这种主观的偏见，丢失了很多盈利的机会。

当某个行业成为热门时，企业蜂拥而至，这种现象掩盖了很多弊端，此时反而是失去投资价值的时候，最后，行业必将出现整合，多数参与者被淘汰。

晕轮效应给予我们太多的提示：投资一定要理性，不能受主观偏见和外部环境的影响。但是无数案例告诉我们，很多投资者都做不到。在了解这一效应的影响之后，大家是不是应该进一步审视自己以往的投资呢？

与对比效应、首因效应和近因效应一样，晕轮效应也显示出人们对某种刺激的反应方式具有情境依赖性。确实，不依赖于情境而起作用的刺激物是不存在的。

情境效应处处可见，人们有时候反而会忽略它们的存在，实际上，很难想象一个知觉独立于情境之外存在的世界。情境因素对人们的反应方式有着无所不在的影响，不管这种刺激物是几何图形、性格特征、法律依据，还是谣言。因此，做任何决策与判断的有意义的分析都应该考虑情境效应的影响。

务必要小心所提问题的结构和情景

选择 A：100% 的概率会失去 50 美元；

选择 B：25% 的概率会失去 200 美元，75% 的概率会什么也不输掉。

假如必须二选一，你会选择哪个？80% 的人会选择 B。

当面临损失时，很多人偏好风险，愿意冒更大的风险去承受更大的损失，而不愿意失去明确的损失。但如果大家仔细想想，如果情况真的是这样，保险公司就没有生意可做了。保险行业的运营逻辑，就是人们愿意承担一定的损失（保险费），去避免更大的不确定的损失。

我们换一种说法，如果问题变成这个确定的 50 美元损失，会避免带来 200 美元的损失"时"，人们的选择就发生了变化。65% 的人，选择了 A。此例充分说明了问题的设计会影响人们的决策。

适应这个充满"骗局"的社会

在投资决策中，我们通过各种媒介接触信息，与此同时，媒介也试图通过话语权的优势，来操纵投资者的行为和思想。人们对于投资决策与判断也会受到信息的宣传方式的影响，有时候这些影响很小，但在某些情况下，其影响可能变得非常深远。

当持有股票仓位时，如果我们被问到这两个问题，会如何回答？

你认为现在的市场走势，是上涨趋势的短期回调？我们是否应该暂时回避，以避免不可预测的风险呢？

你认为现在的市场走势，是下跌趋势的短期反弹？我们是否应该暂时离场，以规避不可确定的风险呢？

我相信，听到第一个问题的投资者坚持继续持仓的比率更多一些。

虽然这两个问题的含义相同，都是询问我们该如何处理我们的股票仓位，但当被问到第一个问题，我们听到的上涨、回调、回避、避免等等词语都在暗示我们，这是个上涨的趋势，为了避免被踏空，继续持仓也许是更好的选择！

当被问到第二个问题时，我们听到的是下跌、反弹、离场、规避等词语，这好像在提醒我们，目前仅仅是下跌趋势的弱势反弹，继续持有的结果可能是深套。

当市场处于下跌趋势时，新闻媒体上"抄底""变盘""最后一跌"等词

语铺天盖地,还有对于反弹个股的所谓"深度内幕",让人们躁动的内心蠢蠢欲动。当市场处于上涨趋势时,"牛市来临""跑步进场""股民开户数创新高"等鼓动人心的新闻随处可见,生怕错过财务自由的机会,这样的聒噪而弥乱的市场氛围,让投资者无法独立思考。

不同的语境,得到的结果也就不同。我们从各种媒体中得到的市场反馈都是精心编撰的词语,替我们绘制思想蓝图的底色,潜移默化地影响着我们对市场的判断,从而操纵着我们的交易行为。

你的跟风行为造成了市场的波动

虽然人们考虑问题的方式会受到市场氛围的很大影响,但答案的可塑性也是有限度的。如果投资者对经济情况和市场走势有明确的认识,那么市场氛围产生的边际变化还是很小的。但是,如果投资者对于股市和个股所知甚少,那么他们就会很容易受到市场氛围的影响。另外,如果投资者对股市和个股一无所知,他们就会表现出完全的可塑性。在某些特殊的日子里,如股市出现异动的交易日,人们就会盲目跟风,但实际上投资者对此并不真正了解。

2007年某网站上有一份针对股市的民意调查报告,就投资者的观点和收益状况,在北京、上海和广州三地对股民进行了随机抽样的问卷调查。

市场背景:如图所示,2007年的股市延续了2006年的牛市格局,上证指数从两千多点涨到了最高六千多点,股市继续作为金融市场中最具活力的因素吸引着投资者进入。

调查时间:2007年11月28日至2007年12月3日

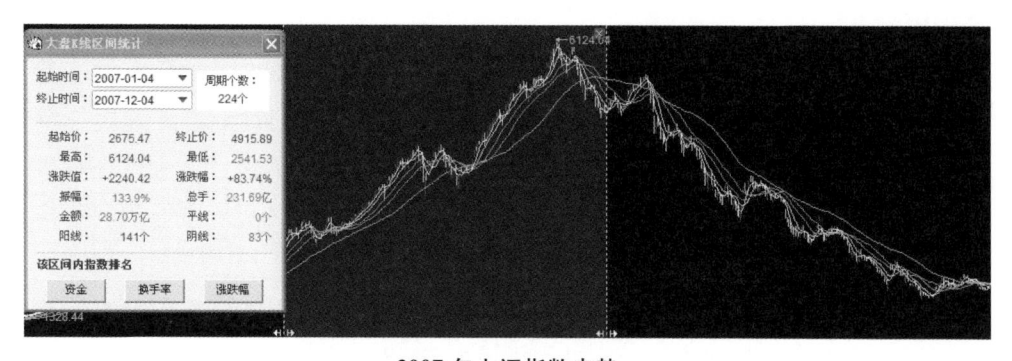

2007年上证指数走势

调查显示,在京、沪、穗三地,有31.5%的股民在2007年的股票投资中不赔不赚,基本做到了保本,在所有情况中所占比例最大;有24.9%的股民在本年度中损失很大,本金损失超过了30%;有19.9%的股民表示今年的股票投资损失不大,本金损失在30%以内;还有23.7%的股民表示,今年没有赔,还赚了一些。

通常在股市中，10%的人赚钱，10%的人保本，80%的人亏钱。即便在十年一遇的2007年牛市行情中，也有近一半的股民是亏钱的。这也显示出经过2007年的震荡上扬，投资者对于未来股市的走势看法发生了改变，显示出投资者对市场的看法摇摆不定。只要市场涨起来，投资者的看法就会发生改变。

京、沪、穗三地股民在选股时，有31.9%是依靠"技术分析，看K线"，关注这一指标的人数最多；其次是"跟风，随大流"，这一类股民达到了26.5%；22.3%的股民是"怎么选都有，没有确定的选股方法"；19.3%的股民关注"上市公司基本面分析"这个指标。

中国股市的一个很大的特点，就是换手率很高。大多数股民没有分析行情或对自己的分析没有把握时，盲目跟风，同时心理承受能力差，频繁还手，结果很难赚钱。同时，这种盲目的心理倾向，对股价的涨跌起到了推波助澜的作用，也反过来更加剧了这种心理状态。

■ 令人困惑的矛盾态度

在对2008年的股市预测中，有41.7%的股民认为不再是牛市了，牛市已经到顶了；还有32.2%的股民认为"不太好判断"；另外有26.1%的股民认为2008年仍然是牛市。

对于股市动荡不定的情况，有42.5%的股民准备留一部分资金在股市，其他买基金；22.5%的股民还没有定，看股市下一步走势；仍有13.7%的股民认为股市还是牛市，不会转投基金。有21.3%的股民则表示"金盆洗手，完全退出股市"。

通过以上调查可以看出，虽然有近42.5%的股民对2008年的股市并不看好，但依然有大致相同比例的股民留在股市中。虽然人们对于"态度决定行为"司空见惯，但股民的表现却违背了这一原则。那是不是因为资金留在股市中，按照"认知不协调理论"，为了减少投资行为与心理之间矛盾导致的不愉快的感觉，我们就需要调整自己的看法？

来看以下数据，三地股民中，目前将自己资产50%～100%投入股市的有27.5%，将自己资产30%～50%投入股市的有38.7%，资产投进股市在30%以下的有20.5%，现在已经"空仓，落袋为安"的股民有13.3%。资产在股市30%～50%的股民人数最多。

■ 我们是不是有点"人傻钱多"

有34.2%的股民进入股市，是先学习观察了很长时期，然后才进入；有

27.5%的股民表示是"亲戚朋友把我拉下水的"；有18.9%的股民进入股市是由于"看见同事炒股，自己按捺不住"；有19.4%则表示记不清了。这表明很多股民进入股市往往是非理性的。

这组数据显示，65.8%的股民并没有经过系统的学习就盲目进入股市，留在股市的资产比例超过30%的达到了66.2%，也就说，对于一个一无所知的行业，我们竟然拿出全部资产的三分之二来进行交易，我们是不是有点"人傻钱多"呢！

对于2008年股市投资收益的预测，38.5%的股民认为"不好说，要看政策面、基本面、上市公司具体情况"；21.1%的股民较乐观，认为股市投资收益会"很高，超过2007年"；27%的股民认为"效益应该还可以，但是不会超过2007年"；还有13.4%股民则是"不清楚，不关心"。

同样的道理，对于2008年的收益预测，65.5%的股民认为收益低于2007年（2008年的行情走势验证了我们的观点），但我们仍然把大部分的资金留在股市中，按照"认知不协调理论"，我们也只有改变自己的悲观预期，这就是常说的"博傻理论"。

人们对于某一原则的抽象态度往往与人们对这一原则的具体应用所持的态度无关，就像对于2008年市场的悲观预期，并不会影响我们把资金留在股市中。在面临具体应用时，往往存在着不可避免的复杂因素，如情景约束、其他与之相互冲突的原则。

行为也可以反过来影响态度

一个望子成龙的母亲，给孩子买了一个漂亮的小书架，于是孩子每次去书店都要买几本书，后来，孩子不仅爱看书，爱买书，还爱上了写作，长大后成了一名作家。

一对正在闹矛盾的夫妻，买了新居，买了许多新家具，扔掉了许多旧东西。住进新房，两人都感觉应以崭新的姿态面对生活，于是，夫妻和好如初。

一家工厂因为车间环境太差，设备陈旧，工人们总是消极怠工。有一天，工厂购进了最先进的流水线。为了配上这条流水线，车间加大了亮度，随之，工人的态度发生了变化，生产效率也因此得到了很大的提高。

我们常常以为是态度决定了行为。但心理学早就证实，行为也可以影响态度。如果把某一种价值观念转换为社会规范，潜移默化地影响公众的行为，等到公众亲身参与到其中之后，他们的态度自然会"跟上"他们的行为。

无论是社会生活还是投资决策，态度与行为并不是那么密切相关，但态度可以影响行为，反过来，行为也可以影响态度。态度与表露在外的行为实际上是无关的，或只有很弱的联系，也就是说，衡量一种态度、看法或是偏好，并不是像问一个问题那么简单。

　　问题的询问方式对人们的回答有着非常重大的影响，因此对问题的结构和情景要特别小心，反过来想，这也证明了我们的态度、意见和选择往往具有惊人的可塑性。

决策和判断的时候需要考虑的情况

在决策过程中，人们对一个客观上相同问题的不同描述导致了不同的决策判断，我们称之为框架效应。框架效应部分是由问题描述形式来决定的，部分是由社会规范、习惯和决策者的性格特征决定的。本章着重说明不同问题形式所产生的不同决策效果。

多采用科学的、逻辑的慢思考方式

很多高端智能手机刚面世时，价格高高在上，对于很想拥有它们的人来说，一次性付款颇有压力。

于是商家宣称，定价5888元的某款手机，现在只需每天花费17.34元（月供527.5元，12期），相当于一顿简餐的价格就可以马上拥有它，每天省一顿饭钱，就可以拥有一台你梦寐以求的手机，你还犹豫什么？

大部分人都会被一天仅需花费17.34元所诱惑，不就是每天一顿饭钱吗，看来高端手机也不是高不可攀啊，也不是很贵嘛。

其实，只要他们再静下心来，好好算算，其实并不划算，17.34元一天，一年就是6329.6元，比一次性付款贵了441.6元，相当于7.5%的年利率啊。

在面对社会生活和投资决策时，为了更加高效地决策，我们更多地采用直觉判断，从而快速行动起来。应该购买什么样的股票，看看朋友、同事买什么不就知道了嘛。

在处理人生大事时，我们更需要克服狭窄的思维框架，尽量掌握更可能多的信息和知识，用科学、有逻辑的慢思考方式，提高决策质量。

大多数投资者会在该犹豫的地方果断，该果断的地方犹豫，投资者要遵守投资纪律，同时要多读书。投资考察的不是单一思维，而是你的综合素质。让思考慢下来，不要听从大脑的第一反应，要全面思考，综合考量，慎重决策。

选择封闭性问题还是开放式问题

男生暗恋女生很久了，终于，有一天，他鼓起勇气去约女生看电影。如果他在约女生的时候说"电影院今天晚上放A电影和B电影，我请你去看电影，去不去啊？"，这样给女生的选择是"去或不去"，女生十有八九会找理由选择不去。

但是，如果他在约女生的时候这样说"电影院今天晚上放 A 电影和 B 电影，我请你去看电影，是看 A 电影，还是看 B 电影呢？"，这样女生的选择范围为 A 电影和 B 电影，赴约的概率大增。

封闭式问题是只有是或者不是两种答案，可选项是有限的。开放式问题无预设选项，可以根据自己的理解自由回答。"我请你去看电影，是看 A 电影，还是看 B 电影呢，"就是封闭式问题。而"我请你去看电影，去不去啊？"则是开放式问题。

封闭式问题是有指向性的问题，我们只能按照既定的方向思考。开放式问题是没有明确指向性的问题，可以在较广的范围内思考。

在选择股票或者期货合约时，可以采用封闭式问题，把圈定的范围集中在具体的行业或领域，可以使我们的研究更加深入，攻破很多难点，也可以证实或核实某些问题。

我现在主要操作油脂油料期货品种，这种封闭式的研究使我对这个行业的供需有更深入的剖析，同时对于关联品种的关系有了更清醒的认识，可以从更宽泛的行业角度去指导我的交易，而不是拘泥于某一品种或某一合约。同时，我也需要从开放式的角度去分析对油脂油料期货价格产生影响的其他因素，如经济宏观因素、原油黄金涨跌、资金流动等。向自己提问开放式问题，可以避免研究仅仅局限于油脂油料行业，而忽略了引起价格波动的其他因素。

■ 我们更在乎的是"损失"而不是"收益"

经济决策理论认为，人从根本上来说是理性动物。然而，人类在许多方面有非理性的特征，其中最引人注目的例子就是所谓的"框架效应"。在这一效应下，以肯定或否定的方式做出一种选择对后来的选择具有戏剧性的影响。其中，来自决策系统中的情绪偏爱的整合是框架效应产生的潜在原因。更为引人注目的是，我们能预知哪个个体最具理性，即相对来说不受框架效应的影响。

举个例子。在加油站 A，每升汽油卖 5.60 元，但如果以现金的方式付款可以得到每升 0.60 元的优惠；在加油站 B，每升汽油卖 5.00 元，但如果以信用卡的方式付款则每升要多付 0.60 元。显然，从任何一个加油站购买汽油的经济成本是一样的。但大多数人认为加油站 A 要比加油站 B 更吸引人，因为，加油站 A 是与某种"收益"（有折扣）联系在一起的，而加油站 B 则是与某种"损失"（要加价）联系在一起的。与从加油站 A 购买汽油相联系的心理上的不舒服比与从加油站 B 购买汽油相联系的心理上的不舒服要少一些。

再例如，让人们对下列情景进行决策：

情景一：如果一笔生意可以稳赚 800 美元，另一笔生意有 85% 的机会赚

1000美元，但也有15%的可能分文不赚。

情景二：如果一笔生意要稳赔800美元，另一笔生意有85%的可能赔1000美元，但相应的也有15%的可能不赔钱。

结果表明，在第一种情况下，84%的人选择稳赚800美元，表现为对风险的规避，而在第二种情况下87%的人则倾向于选择"有85%的可能赔1000美元，但相应的也有15%的可能不赔钱"的那笔生意，表现为对风险的寻求。

人们对于"损失"的重视程度要比同等的"收益"大得多。因此，很多企业在进行价格定价或促销时，将之与"收益"而不是"损失"联系在一起，从而有效激励消费者的购买行为。

亏损带来的喜悦远大于盈利带来的痛苦

假如你投资了4只股票，共计40000元，其中2只盈利，每只盈利5000元；2只亏损，每只亏损5000元。这时的你肯定是如坐针毡——盈利10000元的两只股票带给你的喜悦远远不如亏损10000元的两只股票带给你的痛苦。

盈利10000元进入的是你的盈利账户，而亏损的则是你的本金账户，你时刻在想着本金账户回本，而盈利账户则要落袋为安。于是，你卖掉了盈利股票而心甘情愿地被亏损股票套牢。而实际情况却是：你卖掉的恰恰是绩优股，持有的却是垃圾股。

在人们决策时，亏损带来的痛苦要高于同等程度收益带来的喜悦（通常痛苦是喜悦的两倍）；在确定性的低收益和大概率的高收益面前，人们往往错误地选择前者；在确定性的低亏损和大概率的高亏损面前，人们往往错误地选择后者。

在盈利的交易中，由于提前平仓能够带来确定性的利润，交易者在这时往往做不到坚持持有而错误地提前平仓。反之，在亏损的交易中，由于追求风险，交易者总奢望能够回本而无法按照信号止损，因为止损造成的确定性亏损将给他带来很大的痛苦。

大部分投资者使用的都是中低频策略，这些策略能赚到钱的必要不充分条件是在市场的发展有利于策略时，投资者能够拿住盈利的单子，让利润奔跑。不幸的是，框架效应造成的对确定性收益的偏爱正是投资者的大敌。

应谨防"心理账户"对投资的影响

人们心里有两个账户，一个是"经济账户"，一个"心理账户"。在"经济账户"里，每一块钱对于人们来说都是一样的，用货币价值来衡量。但是在"心理账户"里，一块钱与另一块钱却是不一样的，人们对每一块钱会采取不同的态度对待。

举个例子。深圳的健身房年卡是 2000 元 ~ 8000 元不等，假设某家健身房的年卡需要 5000 元，假设小王一年去 50 次健身房（差不多每星期一次）。从"经济账户"的角度看，每次健身是 100 元，但从"心理账户"来看却是不同的。

现有两种付款方式：一种是每去一次健身房 100 元，另外一种是办年卡 5000 元不限次数。这时小王大概率会选择后者，原因是前者设置了两个"心理账户"。

将 100 元放在 A 账户，将健身放在 B 账户，每次健身都从 A 账户中支付 100 元到 B 账户，这样每次都会有花钱的感觉。而后者办年卡 5000 元，相当于把 5000 元和健身放在了同一个账户，这样每次健身支付的 100 元还是在这个账户里，账户没有发生改变，也就没有再花钱的感觉。

"心理账户"除了对人们的消费决策产生影响之外，还会对个人的投资决策产生影响。比较常见的是，投资者会对亏损的股票或基金是否卖出设置两个"心理账户"。在卖出之前是账面亏损，而卖出之后就变成了实际亏损。实际上两者并没有差异，但给投资者的感觉却是不同的，实际损失会让投资者更心痛，因此大多数投资者往往会选择继续持有而不是"割肉"。

另外，当投资者买的股票或基金赚取收益时，也会将本金和赚取的收益设置两个不同的"心理账户"。很多人对于收益部分亏损的感知没有本金亏损明显，这也是很多投资者没有及时止盈的原因。其实，不管是亏损还是盈利，决定我们是否继续持有的应该是投资标的本身，而不是我们所设置的"心理账户"。

因此，投资者应减少设置"心理账户"。不管是哪种方式获得的资金，都应该以相同的态度对待，投资过程中还需谨慎再谨慎。

信息接收时应注意的事项

人们通过各种媒介获得的信息，都是经过过滤和筛选的。大多数人往往会相信，我们都是根据自己的理性判断来甄别信息的，但大量的研究表明，框架和问题的措辞能够显著地影响我们的判断。

对于那些有关决策与判断的调查和研究，一定要考虑人们的信息接收是否会随着以下因素发生改变：

信息呈现的顺序

信息出现的情景

信息是开放式的还是封闭式

信息是否经过过滤

信息是否包含某些触发感情的词语
结论的适用范围
结论出现的顺序
结论是否模棱两可
结论是从收益还是从损失的角度来说的

如果你觉得这些因素的变化可能会改变我们的结论，那么在经过措辞改变测试之前，所谓的研究结果是不具有可信度的。如果结论经过多种程序的测试之后仍然一致，那么我们就有理由相信这些结论。由于判断往往容易受到信息措辞和框架的影响，最安全的做法就是用多种方式来测试和比较结果。

第三部分

那些影响投资决策的思维偏差

挖掘思维的偏差，
倡导理性的投资。

我们实际上并不是纯粹的理性人

当你极度口渴的时候,你喝下的第一杯水是最畅快的,但随着口渴程度降低,你对下一杯水的期望值也不断减少,当你喝到完全不渴的时候即是边际,这时候再喝下去甚至会感到越来越不适。这就是通俗意义上的边际效用递减规律。

买得多了反而不开心

消费者购买物品是为了从消费这些物品中得到效用,这样,消费者为了购买一定数量物品所愿意付出的价格就取决于从这一定数量物品中所得到的效用。效用大,愿付出的价格高;效用小,愿付出的价格低。随着消费者购买某物品的数量增加,该物品给消费者带来的边际效用是递减的,这样,消费者所愿付出的价格也在下降,所以,需求量与价格向反方向变动。

在一般的商品购买活动中,边际效用递减规律起着很大的作用,即消费者不会把大量金钱花费在一种商品上,不管这种商品对他有多大吸引力。随着购买数量的增加,效用就会递减。

边际效用递减规律在投资股票时也起作用。总是买卖一种股票,投资者会感到乏味,事实上也不存在能够满足投资者全部需要的一种股票。人们在增加投资额时会购买其他种类的股票,以求从各种股票的投资效益比较中获得满足。市场中有各种行业的股票,但人的精力却是有限的,不可能每个行业、每家公司都有所了解。所以选择少数几个行业,专注地学习、了解,才能构建自己的能力圈。当然,投资者并不是一踏入股市就会有能力圈的,只有通过逐步学习与积累才能了解相应的领域。但是排除一些竞争激烈、赚钱困难的行业,可以使投资者少走很多弯路。

你会选择红色还是绿色按钮

按下红色按钮,你会有 100% 的机会得到 100 万元。按下绿色按钮,你会有 50% 的概率得到 1 亿元,你会怎么选?在分析时会牵扯到一些简单术语和理论,一个理论就是期望效用理论(预期效用)。期望效用理论 = 可能性 × 效用,这里的效用是指某个事件所带来的价值,可能性指这个事件发生的可能性。

第三部分 那些影响投资决策的思维偏差

按照期望效用理论，看看应该怎么选择：

按红色按钮的预期效用是 100 万 × 100% = 100 万元

按绿色按钮的预期效用是 50% × 1 亿 + 50% × 0 = 5000 万元

从理论上来说，作为一个理智的决策者，我们应该按绿色按钮，因为它的期望效用值更大。但事实上，我们很多人并不是理智的决策者，因为在面对收益的时候，很多人是规避风险的；当面对损失的时候，很多人是接受风险的。

当选择红色按钮时，立即变现 100 万元，放弃价值 5000 万元的选择权，一方面是因为"满足于" 100 万元，就其财富而言，100 万元已经带来数量级的变化，能解决当下最大的难题，足够让我们心满意足。而再多一个数量级，5000 万元能干什么呢？可能我们也想象不到。另一方面，是想规避绿色按钮 50% 的归零风险。对归零的恐惧感，远大于多拿到 4900 万元的期望。

我们不是机器，都有主观的感受，在做决策的时候用的不是效用，而是主观效用；不是可能性，而是主观可能性，这种主观性带有明显的预期和偏好，所以最大化的往往不是预期效用，而是主观预期效用。

理智的投资者应该这样思考

让我们看看高盛前 CEO 鲁宾是怎样做出投资决策的。下面这段话来自鲁宾的传记。

"在两家公司宣布合并后，乌尼维斯的股票交易价为 30.5 美元（合并宣布前为 24.5 美元）。这意味着如果合并事宜谈妥的话，来自套利交易的股价上涨可能会达到 3 美元，因为乌尼维斯公司每股股票将会值 33.5 美元（0.6075 × 贝迪公司每股股票的价格）。

如果合并没有成功，乌尼维斯公司的股票有可能回落到每股大约 24.5 美元。我们购进的股票有可能下跌 6 美元左右。

我们把合并成功的可能性定为 85%，失败的可能性为 15%。在预期价值的基础上，股价可能上涨的幅度是 3 美元乘以 85%，而下跌的风险是 6 美元乘以 15%。

3 美元 × 85% = 2.55 美元

−6 美元 × 15% = −0.9 美元

所以，预期价值 = 1.65 美元

这 1.65 美元就是我们希望通过把公司 30.50 美元资本搁置三个月所得到的收益。这就算出了可能的回报率为 5.5%，或者以年度计算的话为 22%。比这样的回报率再低一些就是我们的底线。我们认为不值得为了低于 20% 的年回报率而支付我们公司的资本。"

这才是理智的投资者每天应该做的事情，看起来似乎在赌博，而且的确经

常会输掉。但我们要确保的，是大多数时候赚钱。与其说计算简单的数学问题，不如说这是一种思维模式，知道容易，做到很难。

对"按钮"实验的进一步思考

"你会选择红色还是绿色按钮"这道题远比想象中更有趣。我们来试着思考一下：

1. 根据期望值理论，绿色按钮价值 5000 万元；

2. 很多人仍然愿意选拿到确认的 100 万元，因为他们无法忍受 50% 概率的什么都拿不到；

3. 换而言之，假如一个人无法承受"什么都没有"，那么右边的选择就相当于"你有 50% 概率得到一个亿，有 50% 概率死掉"。你当然无法承受死，何况高达 50% 概率；

4. 开放地想，假如你拥有这个选择的权利，你可将右侧价值 5000 万元的选择权卖给一个有承受力的人，例如 2000 万元（甚至更高）的价格卖给他；

5. 继续优化上一条，考虑到增加"找到愿意购买你该选择权利的人"的可能性，你可以只用 100 万元（低首付）卖掉这个权利，但要求购买者中得一个亿时和你分成；

6. 再进一步，你可以把这个选择权做成彩票公开发行，将选择权切碎了零售，两块钱一张，印两亿张。头奖一个亿。对比 5，风险更低，收益更大；

7. 鉴于 6 的成功商业模式，开始募集下一笔一个亿作为头奖，令其成为一项生意。

8. 按照 P/E 估值，募集 20 亿元，公开上市，市值 100 亿元。

那些使我们违背理性决策的悖论

期望效用理论描述了"理性人"在风险条件下的决策行为。但实际上我们并不是纯粹的理性人，决策还受到人类复杂的心理机制的影响。期望效用理论难以解释阿莱悖论、埃尔斯伯格悖论等现象，也不能解释偏好的不一致性、非传递性、不可代换性、偏好逆转以及观察到的保险和赌博行为。

散户炒股为何总是赚多赔少

人在做决策时，会过度重视结果的确定性。有过一定炒股经验的人往往都有这样的感受：每次操作，如果赚，顶多赚一点，而如果亏的话，往往会亏很多，长此以往，总是越亏越多。而且不仅仅自己是这样，似乎身边的朋友也都好不到哪里去。

这到底是巧合，还是有一股神秘的力量导致的呢？想要解答这个问题，你必须了解一个有意思的概念，叫阿莱悖论。

阿莱悖论是决策论中的一个悖论，由法国经济学家莫里斯·阿莱斯在1952年提出。阿莱斯设计出这个悖论，来证明期望效用理论本身存在逻辑不一致的问题。

如果你有100%的概率获得100万元，或者59%的概率获得500万元，50%的概率什么也得不到，你会怎么选？我在培训时做过这个实验，大约有2/3的人都选择了第一个选项。但是你算一算就会发现，其实第二个选择更划算，因为50%的概率拿到500万元，平均来说你就能拿到250万元。

大家之所以愿意放弃250万元的平均收益，而去选择100万元，就是因为在第二个选择里还有50%的机会什么都拿不到。很多人会觉得，与其这样，那还不如稳妥地拿到100万元呢。

这个实验体现了一个人性的特点，那就是在做决策时，会过度重视结果的确定性。接下来，我们学以致用，用阿莱悖论分析一下，为什么大多数人炒股总是赚小钱，亏大钱。

假设刚买一只股票，立刻就涨了，由于希望赚的钱不要得而复失，也就是追求赚钱的"确定性"，大部分人会立刻见好就收，结果就是赚了点小钱。如果买了股票以后，跌了，那么大部分人会拿住，拿住以后结果会有两种。一种情况是股票又涨回来了，在这种情况下，大部分会见好就收，赚点小钱。另一种情况是股票不停地跌，越跌越多，再也涨不回来了，在这种情况下，投资者就亏大钱了。所以，最终的结果可不就是赚小钱，亏大钱嘛。

不过，刚才的分析中，我有一点没有详细解释，那就是为什么当股票下跌以后，大部分人会选择拿住。这个问题我先不回答，我们来做个实验。如果100%的概率亏损100元，或者50%的概率亏损500元，50%的概率赚10元，你会做出哪种选择呢？

最后的结果是，大部分的人选择了第二个选项，你计算一下就可以发现，其实，第一个选择更划算，确定亏损了100元，而第二个亏损了245元。

大家之所以选择亏损幅度比较大的选项2，只是因为第二个选择中还有50%的机会转亏为赢。很多人觉得，与其亏100元，不如赌上一把，还有可能盈利。这就是为什么购买的股票下跌了，很多人没有立即止损，最终深度套牢的原因最终。

我们为何倾向于证券债券和银行存款

假设有一个装着30个球的桶。球是红色，黑色或白色。十个球是红色的，剩下的20个是黑色或白色，黑色和白色的所有组合都是同样可能的。在选项X中，取出一个红色球赢得100美元，而在选项Y中，取出一个黑球赢得100美元。对于选项X和Y，选择获胜球的概率是相同的。在选项X中，选择获胜球的概率是1/3（总共30个球中的10个红球）。在选项Y中，尽管黑球的数量不确定，但选择获胜球的概率也是1比3。这是因为黑球的数量在0到20之间的所有可能性中均等分布。

尽管概率相等，但人们更倾向于在选项X下选择球，其中选择获胜球的概率被认为更加确定。关于黑球数量的不确定性意味着选项Y往往不太受欢迎。尽管黑球的可能数量可能是红球的两倍，但人们往往不愿意承担可能少于10个黑球的相反风险。选项Y背后的不确定性意味着人们倾向于支持选项X，即使概率相同。

这就是学者埃尔斯伯格为了证明期望效用理论存在着逻辑不一致而做的实验，被称为埃尔斯伯格悖论。埃尔斯伯格悖论和阿莱斯悖论的不同在于，它暗示了在风险和不确定情形下的决策应该有所不同。绝大多数人喜欢在他们知道特定赔率的情况下承担风险，而不是在赔率完全模糊的替代风险场景中。他们将总是选择已知的概率，即使已知概率很低，未知概率才是获胜的保证。

一个厌恶风险的投资者可能倾向于将他们的资金投入到"安全"投资中，例如政府债券和银行存款，而不是像股票和基金这样更不稳定的投资。尽管股票市场可能会随着时间的推移提供更高的回报，但投资者可能更喜欢已知回报的"安全"投资，而不是那些不知道回报的股票市场。

对该理论的一种可能解释是人们有一个经验法则倾向于确定性而避免缺少信息的选项。这通常会导致他们努力寻找缺失的信息。但是，在许多情况下，人们无法获得相关信息。而当事人努力要寻找的信息，在其他人的角度来看，可能不是关键信息，它主要取决于当事人的认知。"不确定厌恶"可能解释了人们不愿意在工作场所采用新做法的原因。

■ 股票、期货、外汇……萝卜青菜，各有所好

假定有三个候选人——甲、乙、丙。民意测验表明：选民中有 2/3 愿意选甲而不选乙，2/3 愿意选乙而不选丙，那么是否意味着，喜欢甲的选民一定超过喜欢丙的？

未必！如果选民的态度有三种，分别是：甲、乙、丙；乙、丙、甲；丙、甲、乙，持三种态度的人各占总数 1/3 那么就会出现一个怪圈：2/3 人喜欢甲超过乙，2/3 人喜欢乙超过丙，2/3 人喜欢丙超过甲！

这个例子反映的道理是深刻的。如果是我们对几个方案进行表决，如班集体选择班干部、社区选举代表、市民选择公共事业工程修建顺序等，我们投票很可能得出与意愿矛盾的结果。

再举一个例子。假定有 4 个人，他们是 A、B、C、D，假定有 26% 的人最喜欢 A，各有 25% 的人最喜欢 B 和 C，有 24% 的人最喜欢 D。现在进行一次性投票，A 当选。而很有可能的情况是最喜欢 B、C、D 的那些人最不喜欢 A，即：最不喜欢 A 的人有 74%！在这种规则下，最多人最不喜欢的人当选了！这样的规则合理吗？

这两个例子说明我们的决策与判断，不可能既是高效的，又是理性的，因为这种反复思考本身就是无效率的。而有效率的方式必须是那些信念坚定的独断者。

俗话说，萝卜青菜，各有所好。现实生活中，人们的偏好五花八门，只要你的喜好对自己有利又对他人没有妨害，谁也犯不着去干涉别人，强制"推销"自己的生活方式。

在现在的投资市场中，我们可以选择股票、债券、保险、期货、黄金、外汇等投资方式。我们在某个方面都可能做得很好，然而在一方面好不一定就代表我们在其他方面都是高手。上天赐予了某一个人某一方面的特殊技能，必然在他的另外一方面有所欠缺。

我们总是希望自己保持理性，这样一来，出现独断者就不可避免；但如果没有任何独断者，我们做出的决策与判断往往是非理性的。

人们为什么会购买彩票和保险

假设有两个投掷飞镖的靶子。左边的靶子有80%的机会赢5美元（20%什么也没有）。右边的靶子则有10%的机会赢40美元（90%什么也没有）。你任选其一；之后，会有一个人朝你选中的靶子投出一支飞镖，飞镖有可能落在圆环中的任一位置。你会选择哪个靶子呢？

两个赌注的预期价值恰好一样，都是4美元，它不足以成为做出选择的理由。然而，绝大多数人都会选择左边的靶子。

这没什么可奇怪的。左边这类赌法提高了你获胜离场的概率。奇怪的是，同样的受试者总是会给右边这类赌法分配更高的价格。

价格跟偏好相矛盾，几乎人人都会出现几次偏好逆转。他们不一定意识到自己在做什么。要人记住自己先前的反应，并在执行时保持一致，是很难的。我们跟着直觉走，而这些直觉表现出了奇怪的模式。

很明显，这些逆转构成了前后矛盾的行为，违背了期望效用理论。当人们在做出选择的时候，给右边赌法分配较高价格的时候，偏好逆转就会加强，当分配较小价格的时候，偏好逆转的次数大幅减少。

假如一张彩票能让人有几千万分之一的机会赢得1亿元大奖。基本上，买家买的只是幻想中的中大奖的权利。"几千万分之一"这个数，只存在于纸面上和买家的脑海里。想招徕生意的时候，彩票委员会提高奖金，而不是提高中奖的概率。

这也暗示了人们为什么会购买保险。他们愿意为保险支付高价，因为较之风险渺小的发生概率，人们更担心灾难带来的损失。

决策总是受到人们复杂心理的影响

期望效用理论描述了"理性人"在风险条件下的决策行为，但我们真的是理性的吗？答案当然是否定的。我们常常违背期望效用理论的一些原则，这是否说明人们的决策是非理性的吗？

我们并不知道犯错误的成本与人们遵守这些理性原则与成本相比，哪个更大。为了将复杂任务简单化而采取的捷径对于社会生活来说，实际上是非常有效的，他减少了我们认知努力，而且结果与最佳策略相比相差不多。对于日常生活来说并不是那么严密的决策，有时候却可能是理性的，因为从长期来看，这项决策相对于正常决策来说确实提供了快而简单的捷径来实现效用最大化。

但是股票投资作为一个长期且并不容易的工作，需要的是理性的投资与判断，并没有太多的捷径可言。尤其对于中小投资者来说，首要的任务是提高自己的专业知识水平和风险防范意识，只有这样，才能在变幻莫测的市场中，坚持长期投资和价值投资的理念，来追寻市场中的价值洼地和成长宝藏。

如何预测并控制决策过程中的偏差

每逢股市大幅动荡之际，总会有专家不厌其烦地呼吁投资者要"理性"看待市场。可是，理性如果有那么容易做到，就不会有现在的这些"悲剧"了。

为什么我们做不到"理性"投资呢？人们在做出一项决策时，往往容易止于那些会在当下最让自己满意的方案，而非理想中的最优方案。

总是难以克服的"有限理性"

有限理性是指介于完全理性和非理性之间的具有一定限制的理性，表现为"人的行为即是有意识的和理性的，但这种理性又是有限的"。产生有限理性的原因有以下几点。一是环境是复杂的，在非个人交换形式中，人们面临的是一个复杂的、不确定的世界，而且交易越多，不确定性就越大，信息也就越不完全；二是人对环境的计算能力和认识能力是有限的，人不可能无所不知。此外，在很大程度上，由于受到情境的影响，人们使用"第一信号系统"进行加工，理性在这里根本就未发挥作用。

金融投资领域比任何其他行业更能见证有限理性。人类总希望找出因果关系，股票市场日复一日的波动自然也吸引着人们去探究其原因。市场上涨时，人们倾向于看到事物美好的一面；当市场下跌时，人们自然更关注种种利空因素。每一次大牛市或者大熊市，大众都会形成当时看起来很有道理但是事后回顾毫无逻辑的观点。

许多投资者对A股市场的大涨大跌记忆犹新，上证指数5000点的时候，一切都看起来很美好，市场利率下降，互联网改变世界，国家牛市，场外资金不断涌入，上证突破6000点在许多投资者看来就是触手可及的事情，却忘记了最终决定股价的依然是业绩与估值。随后，短短一个月无数财富瞬间灰飞烟灭。同样的情形在全球金融史上也不断发生，美国科网泡沫，日本20世纪末的股市与楼市，都如出一辙。

有限理性并非指我们要放弃研究与做判断，陷入不可知论，而是在努力提高投资水平的同时，每一次决策都要留有余地，不可自大。

最优秀的投资者永远如履薄冰，因为投资中的风险是不可消除的，不仅仅是有各种黑天鹅，更多的是我们的有限理性。相信有限理性的投资者往往不会过于极端，不易酿成大错，因为他认为自己总是有判断失误的时候，会及时修正自己的判断和行为。

2015年股市巨幅波动中爆仓的投资者都是过于自信，坚信大牛市会继续，因此敢于高杠杆持仓。许多投资者喜欢预测大盘的精确点位，或者没有经过深入的分析和研究就坚信自己持有的股票会成为十倍股，这些都是缺乏有限理性的表现。

投资者如何利用有限理性减小投资风险呢？首先我们要减少判断的次数。市场大部分时间都是混沌的，单个投资者真正有信心的机会是很少的。其次，投资者应该尽量避免去做大盘的短期预测，短线的波段也是难度很大的事情。同时，投资者应关注自己非常熟悉的领域，而不是一味去追捧市场热点。最后，应适度分散投资，避免过度重仓押注单个品种。

■ 进入股市你惧怕风险吗

让我们来做这样一个选择。

A. 你一定能赚30000元；

B. 你有80%可能赚40000元，20%可能性什么也得不到。

让我们再来做这样一个选择。

A. 你一定会赔30000元。

B. 你有80%可能赔40000元，20%可能不赔钱。

第一题诠释了**确定效应**：在确定的好处（收益）和"赌一把"之间选，多数人会选择确定的好处；

实验的结果是，大部分人都选择A。尽管传统经济学"理性人"会批判，B的期望值40000元×80%＝32000元大于A选项中的30000元。

实验的结果印证：大多数人处于收益状态时，往往小心翼翼，厌恶风险，喜欢见好就收，害怕失去已有的利润。我们称之为"确定效应"，即处于收益状态时，大部分人都是风险厌恶者。"确定效应"表现在投资上就是投资者有强烈的获利了结倾向，喜欢将正在赚钱的股票卖出。

投资时，多数人的表现是"错则拖，赢必走"。在股市中，普遍有一种"卖出效应"，也就是投资者卖出获利的股票的意向，要远远大于卖出亏损股票的意向。这与"对则持，错即改"的投资核心理念背道而驰。

当一个人在面对两种都损失的抉择时，会激起他的冒险精神。在确定的坏处（损失）和"赌一把"之间，做一个抉择，多数人会选择"赌一把"，这叫"反射效应"。用一句话概括就是"两害相权取其重"。

第二题诠释了**反射效应**：在确定的坏处（损失）和"赌一把"之间，做一个抉择，多数人会选择"赌一把"。

投票结果是，只有少数人情愿"花钱消灾"选择A，大部分人愿意和命运

对抗一下，选择了 B。尽管，传统经济学中的"理性人"会跳出来说，两害相权取其轻，所以选 B 是错的，因为（-40000 元）×80% = -32000 元，风险要大于 -30000 元。

现实是，多数人处于亏损状态时，会极不甘心，宁愿承受更大的风险来赌一把。也就是说，处于损失预期时，大多数人变得甘冒风险。我们称之为"反射效应"。

"反射效应"是非理性的，表现在股市上就是喜欢将赔钱的股票继续持有下去。统计数据证实，投资者持有亏损股票的时间远长于持有获利股票的时间。投资者长期持有的股票多数是不愿意"割肉"而留下的"套牢"股票。

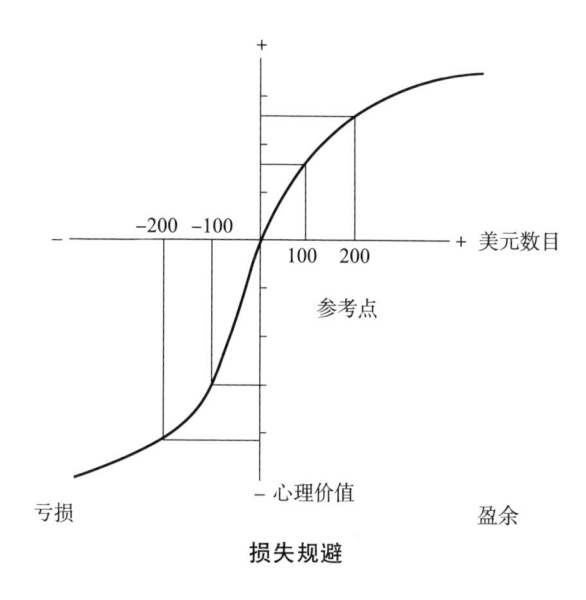

损失规避

损失规避，用一句话打比方，就是"白捡的 100 元所带来的快乐，难以抵消丢失 100 元所带来的痛苦"。当我们做有关收益和有关损失的决策时表现出的不对称性，增加 100 元收入所带来的效用，小于失去 100 元所损失的效用。大多数人对损失和获得的敏感程度不对称，面对损失的痛苦感要大大超过面对获得的快感，如图所示。

由于人们对损失要比相同数量的收益敏感得多，因此即使股票账户有涨有跌，人们会更加频繁地为每日的损失而痛苦，最终将股票抛掉。一般人会因为"损失规避"而放弃本可以获利的投资。

假设你面对这样一个选择：在商品和服务价格相同的情况下，你有两种选择：

A. 其他同事一年挣 6 万元的情况下，你年收入 7 万元。

B. 其他同事年收入 9 万元的情况下，你一年有 8 万元。

你怎么选？调查结果出人意料：大部分选择前者，事实上，我们拼命赚钱的动力，多是来自同事间的嫉妒和攀比，**这就是参照依赖**。

总结一下上面提到的四个原理：

1. 确定效应：在确定的好处（收益）和"赌一把"之间，做一个抉择，多数人会选择确定的好处；
2. 反射效应：在确定的坏处（损失）和"赌一把"之间，做一个抉择，多数人会选择"赌一把"；
3. 损失规避：多数人对损失比对收益更为敏感；
4. 参照依赖：多数人对得失的判断往往由参照点决定。

这四个原理组成了"前景理论"。前景理论指出，人们在风险和收益面前的心理是不对称的。在涉及收益时，我们是风险厌恶者，但涉及损失时，却是风险喜好者。同时，我们有一种叫作损失厌恶的倾向。损失的痛苦要远远大于获得的快乐。损失所带来的痛苦，是获得同样的数量所带来快乐的两倍多。

迷恋小概率事件——彩票和保险

买彩票是赌自己会走运，买保险是怕自己会倒霉。这是两种很少发生的事件，但人们却十分热衷。

前景理论还揭示了一个奇特现象，即人类具有强调小概率事件的倾向。小概率事件就是几乎不可能发生的事，比如天上掉馅饼。掉的是馅饼固然好，但如果掉下来的不是馅饼而是陷阱呢？当然也属于小概率事件。面对小概率的盈利，多数人是风险喜好者；面对小概率的损失，多数人是风险厌恶者。

很多人都买过彩票，虽然中奖可能微乎其微，你的钱99.99%的可能支持福利事业和体育事业了，可还是有人心存侥幸搏小概率事件。同样，很多人都买过保险，虽然倒霉的概率非常小，可人们还是想规避风险。人们的这种倾向，是保险公司经营下去的心理学基础。

在小概率事件面前，人类对风险的态度是矛盾的，一个人可以是风险喜好者，同时又是风险厌恶者。传统经济学无法解释这个现象。小概率事件的另一个名字叫运气。

前景理论指出，在风险和收益面前，人是"偏心"的。在涉及收益时，我们是风险的厌恶者；但涉及损失时，我们却是风险喜好者。但面对小概率事件时，风险偏好又会发生"离奇的"转变。所以，人们并不是风险厌恶者，在认为合适的情况下，他们非常乐意赌一把。归根结底，人们真正憎恨的是损失，而不是风险。

这种损失厌恶而不是风险厌恶的情形，在股市中常常见到。比如，我们持有一只股票，在高点没有抛出，然后一路下跌，进入了彻彻底底的下降通道，这时的明智之举应是抛出该股票，而交易费用与预期的损失相比，是微不足

道的。

扪心自问，如果你现在持有现金，还会不会买这只股票？很可能不会再买。那为什么不能卖掉它买别的更好的股票呢？也许，卖了它后损失就成了"事实"吧。

孩子总是自己的好

朋友是做销售的，因为工作需要，需要换辆好点的车。出于经济状况和性价比考虑，只得把自己的旧车卖掉，加点钱换一辆高级点的二手车。可是，在二手车市场走了好多家店，都没谈拢，原因是朋友嫌买方出价比自己预期的价格低太多。我作为旁观者，觉得他那辆旧车很平常，买方出的价格也算合理，而且之前在网上评估过了，差不多也这个价，只是朋友一再强调，自己的车爱惜得有多好，结果自然是无法成交。

为免白跑一趟，我俩决定先看看想买的车，于是我陪朋友开始看车。看了好多款合适的车，最后也无法成交，原因竟然是，卖家报价高于朋友心里预期的价格太多。可是在我客观地看来，根据车况，卖家的报价还算合理。可是朋友就是认为太贵了。

这是为什么呢？难道是朋友无理取闹吗？不是。这是一种损失厌恶的心理在作怪，那就是"禀赋效应"。当个人一旦拥有某项物品，那么他对该物品价值的评价要比未拥有之前大大增加。俗语说的"孩子总是自己的好"就是这个道理。在市场中，投资者认为股票总应该是自己的涨。

禀赋效应的产生并不是因为拥有某一物品的人真的比没有这一物品的人更觉得它珍贵，而是放弃这一物品给自己心理上带来的巨大痛苦导致人们不愿放弃。这就能解释为什么人们不会扔掉家里没有用的东西。尽管已经没用了，但扔掉了仍然觉得是损失。

当中小投资者买进某只股票后，即使价格已经很高，也常常不愿意卖出，结果捂的时间过长，有可能"坐电梯"——极可能回到买价附近甚至跌破买价。

对于某只股票，投资者对它的看法可能取决于自己是否持有这只股票。当他们持有某只股票后，特别喜欢寻找论述这只股票上涨理由的内容；看到这只股票上涨的原因描述时两眼放光；极不愿意看到这只股票下跌的理由。这种心态，会强化投资者持有某只股票不愿轻易卖出因而长期持有的决心，最后可能真的就"坐电梯"了。

追涨杀跌的心理活动源头

人们在决策的过程中，对确定性的事情持有何种态度？我们先从两个游戏开始讲起。

游戏 1　包含两个阶段。在第一阶段，有 75% 的可能性一无所获地结束游戏，25% 的可能性进入第二阶段。如果进入第二个阶段，要在下面两者之间再做选择：一是直接拿走赢得 30 元；二是在一个纸箱子里抽签，箱子里放着 10 个纸条，其中只有 8 个纸条写着"你可以拿走 45 元"，剩下 2 个纸条是空白。现在你可以直接拿走 30 元，或者抽签。你会怎么选？

游戏 2　抽签游戏，有两个箱子，A 箱子里有 25% 概率抽到 30 元，B 箱子里有 20% 的概率抽到 45 元。你会怎么选？

如果你是"理性人"，那么你会发现游戏 1 和游戏 2 其实是一模一样的，都应该选 B（游戏 1 里是 25%×80%×45＝9；游戏 2 里是 20%×45＝9）。因为这样综合效用是大于 A 的（游戏 1、2 都是 25%×30＝7.5）。但人们在玩这两个游戏时的表现却大相径庭。

最终统计数据发现，游戏 1 中，74% 的人选择 A，26% 的人选择 B；而游戏 2 中，42% 的人选择 A，58% 的人选择 B。

为什么会出现这种非理性的情况？人们对确定性结果的评价要高于在不确定性水平上相同价值变化的结果。玩游戏 1 时，人们会想："我只要过了第一阶段，30 元对我来讲是更加确定性的结果，另外再抽一次我抽不到怎么办？我要快快落袋为安。"玩游戏 2 时，人们会认为 45 元相对于 30 元是更加值得尝试的选择。

这种在序列选择中忽略某些阶段，注重另一些阶段，把不确定事件当作确定事件的现象，被称为虚假确定效应。即只是觉得确定，而不是真正意义上的确定。

这种效应在生活中也很常见。干洗店如果提出一次洗三件衣服就可以免费洗一件，其效果要比降价 25% 更好。免费意味着虚假"确定"（第 4 件衣服百分之百可以免费），降价则被认为不确定，但二者对人们付出金钱的影响是一样的。

要注意，股票投资常常也是序列选择，要对大盘、行业板块、个股顺序判断。人们在投资过程中的追求是尽可能大的可能性盈利，这需要三者"共振"，整体向好，决不能被"轻大盘重个股"的股评言论所忽悠，因为这本身就是个伪命题。覆巢之下，安有完卵。股票不能忽略大盘这个第一阶段、行业这个第二阶段的概率条件而直奔第三阶段的个股。例如 2015 年、2016 年的煤炭股，因为煤炭行业的景气度，极大影响了个股的表现。对个股高概率的机会，一定要结合大盘、行业的风险情况才能做出合理的建仓决策。

为什么总是后悔

投资者在投资过程中常出现后悔的心理状态。在大牛市背景下，没有及时介入自己看好的股票会后悔，过早卖出获利的股票也会后悔；在熊市背景下，没能及时止损出局会后悔，获点小利没能兑现，然后又被套牢也会后悔；在平衡市场中，自己持有的股票不涨不跌，别人推荐的股票上涨，自己会因为没有听从别人的劝告而及时换股后悔；当下定决心卖出手中不涨的股票，而买入专家推荐的股票，又发现自己原来持有的股票不断上涨，而专家推荐的股票不涨反跌时，更加后悔。

人们在投资决策上经常容易出现错误，犯错时，通常感到非常难过。所以，投资者为了避免后悔心态的出现，经常会表现出一种优柔寡断的性格特点。

投资者不愿卖出已下跌的股票，是为了避免做了一次失败投资的痛苦和后悔心情，向其他人报告投资亏损的难堪也使其不愿去卖出已亏损的股票。此外，投资者的从众行为和追随常识，是为了避免由于做出了一个错误的投资决定而后悔。

许多投资者认为，买一只大家都看好的股票比较容易，因为大家都看好它并且买了它，即使股价下跌也没什么。大家都错了，所以我错了也没什么！而如果自作主张买了一只市场形象不佳的股票，如果买入之后它就下跌，自己就很难合理地解释当时买它的理由。此外，基金经理人和股评家喜欢名气大的上市公司股票，主要原因也是如果这些股票下跌，被解雇的可能性较小。

害怕后悔也反映了投资者对自我的一种期望。投资者在投资过程中除了避免后悔以外，还有一种追求自豪的动机在起作用。害怕后悔与追求自豪造成了投资者持有获利股票的时间太短，而持有亏损股票的时间太长。

假设投资者持有两只股票，股票 A 获利 20%，而股票 B 亏损 20%。此时有一个新的投资机会，而投资者由于缺乏资金，必须先卖掉一只股票。多数投资者往往卖掉股票 A，而不是股票 B。因为卖出股票 B 会对从前的买入决策后悔，而卖出股票 A 会让投资者有一种做出正确投资的自豪感。

圣彼得堡悖论导致了期望效用理论的产生，而诸如阿莱悖论和埃尔斯伯格悖论之类的问题则引发了其他替代期望效用理论的理论研究。这些替代理论中最为人接受的便是前景理论。虽然很多决策分析家仍然采用期望效用理论作为一个标准化模型，但前景理论却是一个能够准确地描述人们实际决策行为的模型。

前景理论相对于经典期望效用理论来说是一个很大的进步。确实，很多违背期望效用理论的现象都能够在前景理论中得到很好的解释。后面我们会对各种偏离理性原则的原因进行回顾。正如这些章节所示，决策者在判断和选择行为过程中很容易受到许多偏差的影响，但在许多情况下，这些偏差都是系统性的，而且是预先可以控制或预测的。

不要被细节的信息和情景所迷惑

人们是如何做出决策的？如何在不同的备选答案之间做出选择？如何对具体事件的价值或可能性做出判断？这部分将关注两个相关的话题：决策者得出结论的整个过程，以及记忆的过程也是产生偏差的过程。

代表性自觉不可取

先来做一道选择题：

警察因公牺牲的首要原因是（　　）。

A. 劳累猝死；B. 交通意外；C. 遭受暴力袭击；D. 抢险救灾

恐怕大部分人都会觉得是后两者，因为 C 是影视剧里警察最常见的牺牲原因，D 也常常出现在新闻里。实际上，根据统计，因公牺牲的民警中，一半以上是"突发疾病猝死在工作岗位上"，四分之一是"因意外交通事故"，而后两个选项仅分别占 5.2% 和 3.7%。

有一句话："如果你有一个锤子，那所有的问题就都变成了钉子。"说的就是"代表性直觉"中的一种。代表性直觉是指对某个事物进行评价时，在直觉的引导下，将其与某一类别的心理表征进行比较。如果 A 具有某种明显的特征 B，我们很可能凭直觉认为所有跟 A 有关的问题，答案都是 B。

实际上，我们对警察的大部分印象都来自媒体和影视作品，形成了机智神勇、特别能打、高大威猛、一脸正气等印象。但我们忘记了他们也是人，警察也是首先要保证自身的安全，最大的问题反而是工作没有规律，会生各种病；警力不足，劳动强度又大，才容易"过劳死"。

在投资股票时，我们也不应该简单地认为好的公司就代表它的股票也是好的；银行地产类的股票比较稳健，创业板的股票风险比较大等等。产生这种心理的原因是人们对于事物进行评估的时候，只对重视的因素进行考虑而忽视了可能很重要的其他要素。这种心理特征所带来的后果就是，即使数据很明显处于随机的时候，人们还会还尽可能地发掘其中的规律。

盲人摸象——小数定律

我们一直认为一切事物都是有因果的，甚至可能都是有目的的。人们曾经认为世界像钟表一样精确地运行，但真实世界不是钟表，充满不可控的偶然因素。更严格地说，有些事情的发生，跟它之前发生的任何事情，都没有因果关系。不论我们做什么都不能让它一定发生，也不能让它一定不发生。

一个人考了好大学，人们会说这是他努力学习的结果；一个人事业成功，人们会说这是他努力工作的结果。可是如果一个人买彩票中了大奖，这又是为什么呢？

理解随机性，我们就知道很多事情发生就发生了，没有太大可供解读的意义。我们不能从这件事获得什么教训，不值得较真，甚至不值得采取行动。但这与人喜欢发现规律的本能是相违背的，人天生不擅长理解随机性。

人们抱着游戏或者认真的态度总结了世界杯足球赛的各种"定律"，"巴西队的礼物"就是其中最著名的"定律"之一。"巴西队的礼物"是指：只要巴西夺冠，下一届的冠军就将是主办大赛的东道主，除非巴西队自己在下一届夺冠，但是这一"定律"在2006年被打破。

世界杯每四年举办一次，总共才进行了20多届。只要数据足够少，我们总能发现一些尚未被打破的规律。如果数据少，随机现象可以看上去很不随机。甚至非常整齐，好像真有规律一样。

iPod最早推出"随机播放"功能的时候，用户发现有些歌曲会被重复播放，他们据此认为播放根本不随机。苹果公司只好放弃真正的随机算法，用乔布斯本人的话说，就是改进以后的算法使播放"更不随机以至于让人感觉更随机"。

大数定律是我们从统计数字中推测真相的理论基础。大数定律是说，如果统计样本足够大，那么事物出现的频率就能无限接近它的理论概率——也就是它的"本性"。而小数定律是说，如果样本不够大，那么它就表现为各种极端情况，而这些情况可以跟它的本性一点关系都没有。

一个只有二十人的乡村中学某年突然有两人考上清华，跟一个有两千人的中学每年都有两百人考上清华，完全没有可比性。这就好比盲人摸象，你看到的只是偶然事件。如果统计样本不够大，就什么也说明不了。

■ 无处不在的赌徒谬误

赌徒谬误是生活中常见的一种不合逻辑的推理方式，认为在一系列坏运气之后必然会有好的结果出现，一系列结果相同的独立事件必然会跟随一个相反的结果。其实，这违背了独立事件互不影响的规律。

常见的例子就是抛硬币。我们都知道，无论之前发生了什么，你在任何时候抛硬币都是50%的概率。但是呢？假如连续多次抛到正面，那么，某一些人就觉得下一次抛出反面的概率非常大。

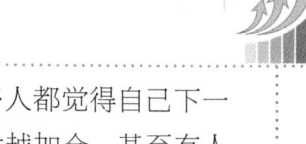

赌徒谬误在交易中表现为：随着连续亏损的出现，很多人都觉得自己下一次赚钱的概率很大。于是，衍生出来了一种交易方式：越亏越加仓，甚至有人崇尚翻倍式加仓。比如，第一次1手亏了1万，那么第二次开2手，如果再亏开4手，只要我赚一次不就赚回来了？其实，走势是不确定的，你下一笔交易是赚是亏，跟之前连续多次亏损没有任何关系。

就像之前抛硬币的例子，你如果抛1万次的话，统计之后的结果就是无限接近50%。虽然抛硬币本身是一个随机事件，但是大量重复的话，就有了50%的规律。

投资者大都有一套交易方法，且具有正向收益预期。面对短期的随机事件，我们尝试控制风险即可；然后经过大量的交易，让你的优势发挥出来。某些时候，我们必须认清，短期出现的连续风险，到底是由随机事件影响的，还是因为我们的逻辑本身出现了问题。如果交易逻辑本身没有问题，那么根据大数定律，你在长期盈利的概率并不受影响。

手热现象——持续性偏见

手热现象指的是我们经常会高估某一正面或者负面现象能够持续的时间。

当一位球员连续投中4球以后，与平时相比，他下一个球投中的可能性如何？普遍的回答是高一些。大家认为，篮球比赛中，一个"手热"的球员连续命中后，他下一球的命中率大于其投失一个球以后再次投篮的命中率。

球场上，把球传给"手热"的球员常常是一种普遍选择，同时对方也会努力限制"手热"的球员。但大样本的数据统计结果表明，并不存在这样的规律。

篮球场上的"手热现象"，只不过是心理上的一种记忆偏差，因为连续命中或投不中比交替命中或误投更容易被记住，所以观察者就会高估连续投篮之间的关联性。这个结论与人们的感觉很不一致，常常难以被人们接受。

某学者在1998年美国股市处于高位的时候，让广大股民对于未来十年股市的回报进行预测。调查结果显示，有接近90%的股民选择了10%~20%，或者20%以上。要知道这可是年回报。如果股市以每年20%的回报上涨的话，十年后股票指数将会是十年前的6倍多！

事实上美国标准普尔500指数在1998年年底之后的十年里，下跌了30%左右。从结果我们就可以看出，几乎没有股民预测到如此结局（选择年增0%或者以下的受访者少之又少）。这可能也道出了股市散户不赚钱的真正原因之一。

如果一个投资者持续盈利，但这并不源于其深思熟虑、理性分析、严格遵守决策纪律，而是碰运气的结果的话，那么他就应该减少决策频率，或者适度收手。另外，即使在理性思考的条件下连续正确，也应该适度收手，因为此时，人们的情绪会发生某种变化，很容易使人判断失误，因为连续手顺，极容易让得意忘形，过度自信，从而做出导致错误决策。

▪ 交易者要提高自己基线

来看一个著名的决策实验。样本由 30 名工程师和 70 名律师组成，对其中一个人描述如下：30 岁，已婚，没有小孩，有很强的能力和工作积极性，希望在自己领域内获得很大的成功，同时也受到同事们的欢迎。

理论上这个人是工程师的概率为 30%，然而大多数实验参与者认为他是工程师的概率为 50%，情境基线被忽略了。但是请注意，当直接用基线信息做出因果判断的时候，人们基本上都会采用基线信息。

优秀交易者和刚入门的散户的基线，我们可以理解成到今天为止所掌握的交易策略，或者所掌握的交易系统。对于一个优秀交易者，他的基线就很高，大约在三楼的样子；而对一个刚入门的散户来讲，基线就很低，可能还在地下室。

我们所有的工作，都应该建立在这条线的基础上，而不是从它的下面开始做起，这一点很重要。为什么"民间科学家"花了一辈子时间搞出来的"发明"，没有什么实际价值呢？因为他们的起点远远低于这个时代的基线。很多对专家来讲是常识，在工作中不需要太动脑子、拿来就用的知识，对另外一些人来讲，就是高深的新知。可以想象，这两类人谁更可能把事情做成功。

类似地，绝大部分散户投资，和"民间科学家"搞发明没有什么不同，都是从地下室开始做起，交了半辈子学费，是否能做到一楼，也未可知。

因此，一个优秀的交易者，需要知己知彼，先充分了解自己的优缺点，然后通过建立一些有效交易系统，不断提高自己的基线，在资本市场上增加自己获胜的可能性。

▪ 跌多了就可能上涨反之亦然

"现在已然衰朽者，将来可能重放异彩。现在备受青睐者，将来却可能黯然失色。"格雷厄姆著作封面的这句话便暗含了均值回归定律的含义。在资本市场中，多表现为估值的回归；在实业经济中，多表现为高利润率以及高净资产收益率随着时间的回归均值。它是我们进行逆向投资的基石。

均值回归

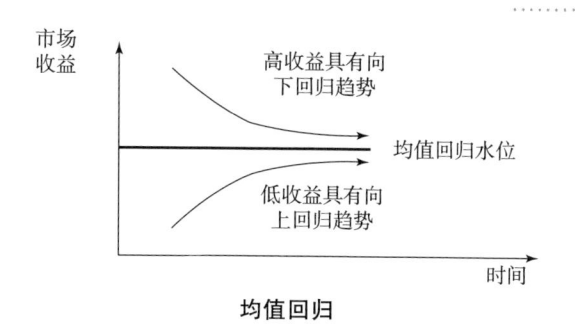

均值回归，起初是金融学的一个重要概念，是指股票价格、房产价格等社会现象，以及气温、降水等自然现象，无论高于或低于价值中枢（或均值）都会以很高的概率向价值中枢回归的趋势。根据这个理论，一种上涨或者下跌的趋势不管其延续的时间多长，都不能永远持续下去，最终均值回归的规律一定会出现：涨得太多了，就会向平均值移动下跌；跌得太多了，就会向平均值移动上升。自然界由于有惯性的作用；社会现象中，比如股价房价领域，由于心理作用、投机作用等，有时甚至有矫枉过正到令人措手不及的惊人现象。

股票价格不能总是上涨或下跌，一种趋势不管其持续的时间多长都不能永远持续下去。在一个趋势内，股票价格呈持续上升或下降，我们称之为均值回避。当出现相反趋势时就呈均值回归。不同的股票市场，回归的周期不一样。

均值回归必然具有不对称性。正的收益与负的收益回归的幅度与速度不可能一样，因为它们之间并没有必然联系，回归的幅度与速度也具有随机性。对称的均值回归才是不正常的、偶然的，这一点也被实证检验所证实。

西格尔教授研究研究发现，1970—2001 年这 32 年的时间里，世界上主要股票市场的回报率相差无几，英国为 11.97%，美国为 11.59%，日本为 11.12%，德国为 10.88%。日本股市的最高点是在 1989 年，此后 19 年没有创历史新高。如果是截止至 1989 年计算回报率，日本股票的回报显然要远远高于其他国家，但时间拉长至 2001 年，日本股市的回报率与其他国家基本一致，这是一种回报率的均值回归。

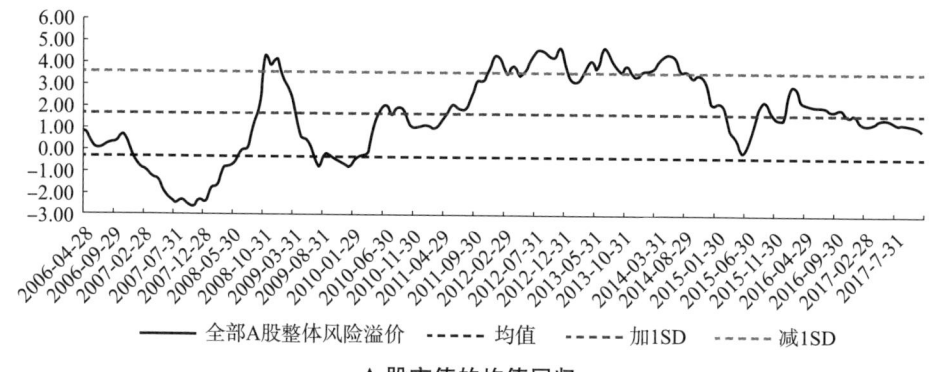

A 股市值的均值回归

如图所示，以 3 至 5 年为一个周期，一般而言，原来表现不错的股票开始摆脱困境，而原来表现不错的股票则开始走下坡路。这也是均值回归原理在股票投资中的一个应用。

这个规律可以解释一些现象：古人遇到长期大旱时，总会筹资供奉雨神。据说，每次供奉完后的几天时间内，必定会下雨。一位空军教练根据自身经验发现，当他表扬最优秀的飞行员时，飞行员下一次的训练水平就会有所下降，不再是最优秀；当批评最差劲的飞行员时，他下一次的训练水平就会提升，不再是最差劲。教练因此总结，表扬使人骄傲，批评使人进步。

在截至目前的人生里，如果有什么事情是我认为我领悟到的最重要的，那就是人的生活就像投资品价值一样，是存在均值回归的。那个均值，就是你内心最深处的冲动，是你真正的欲望，是你到底是一个什么样的人。

■ 怎么避免代表性直觉对决策和判断的影响？

第一，不要被细节的情境所迷惑。正是细节使整个情境看起来更加具有代表性，但是同时减少了发生的可能性。情境越具体、生动，其发生的概率越小。即使这样的情境看起来能够非常好地代表最可能发生的结果。所以，小心被忽悠，尤其是某人说得天花乱坠的时候，尤其要当心。

第二，只有要可能，无论什么时候都应该注意基线值。当一件事件极少发生，或该事件非常普通时，基线值就显得尤为重要。例如由于清华北大的录取比例比较低，因此很多优秀的高考生都没有机会进入清华北大进一步深造。相反，由于通过的比例非常高，绝大多数人能在高中毕业后顺利拿到毕业证。当基线值是一个极端值时，代表性往往成为发生可能性的误导因素。

第三，记住偶然性并不具备自我修正的功能。一系列的坏运气，并不意味着好运气必然会来临，也不意味着事物是一成不变的。如果一个随机的过程（如抛硬币）存在一定的可能性，产生一定的结果，那么过去的事件对将来发生的结果并不会产生影响。

第四，不要错误地理解向平均数与之相平衡（或者相反），但是一些极端的成绩往往会跟随着一些更接近平均数的成绩。向平均数回归是非常正常的，无论结果是否受到一些随机因素的影响。即使在某些时段，这些随机因素结合在一起可能产生一些非正常的结果，但是在接下去的情境中，成绩通常会回归正常。

我们要将这些建议牢牢记住，以避免由于依赖代表性直觉而产生偏差。在投资决策中，要识别主要趋势方向，不要被短期波动所迷惑，同时要秉承怀疑精神，独立思考，客观公正地对待市场信息，做到理性投资。

人们过于看重容易看见和记忆的信息

决策时我们通常都会依据一些容易想起来的事例来判断一种类别出现的频次或者事件发生的概率，此时的直觉能够很好地发挥作用。在所有条件都平等的前提下，普通的事件要比不寻常的事件更容易被记住或者想象出来。

但是在某些特定情况下，这样的一般原则可能失效并导致偏差。有一些事件相对于其他事件而言更容易想到，并不是因为这样的事件更经常发生或者具有更高的频率，而是因为这样的事件更容易被提取。可能是因为这样的事件是刚刚发生的，也可能是这样的事件掺杂了很多情绪的因素。

人性本傻——可得性偏差

人们往往根据认知上的可得性来判断事件的可能性，如投资者在决策过程中过于看重自己知道的或容易得到的信息，忽视对其他信息的关注，更不会对其进行深度发掘，从而造成判断的偏差，这被称为可得性偏差。

人们由于受记忆力或知识的局限，现在进行预测和决策时大多利用自己熟悉的或能够凭想象构造而得到的信息，导致赋予那些易见的，容易记起的信息以过大的比重，但这只是应该被利用的信息的一部分，还有大量的其他必须考虑的信息，它们对于正确评估和决策同样有着重要的影响，但人们的直觉推断却忽略了这些因素。

比如人们往往倾向于大量关注热门股票，从而在与媒体的接触中做出其上涨概率较大的判断。而事实往往相反，很多关注度较低的股票的涨幅通常大于热门股票的平均涨幅。

很多投资者认为打新股都一定能大赚。实际上，大数据表明投资新股的回报大都低于投资同期的类似规模的其他上市公司所能够得到的回报。

通过实证检验发现，股民会跟着公司公布的业绩进行交易。如果公司发布盈利好消息，那么很多股民会闻风而动，迅速买入该股票；反之，如果听到了业绩不好的消息，股民也会在第一时间将自己手中的股票卖出。

广大股民在对待证券分析师给出的股票建议时也受到"可得性偏差"的影响。如果某位券商分析师在大盘上涨的情况下给出"上调"的投资建议，那么该股票会更受股民的追捧。而如果分析师在大盘下跌的情况下对某股票做出"下调"的投资建议，那么该股票价格的下跌幅度会更大。也就是说，投资者在消化分析师给出的投资建议并做出投资决定时，同时受到了大盘指数价格变化的影响。

影响投资决策的幻象

在做出决策时，头脑很可能只是快速掠过一些选择过的、印象最为深刻却并不具有代表性的例子。此外，在举例时我们很容易忽略那些与我们已有观念不一致的信息。很多时候，我们的判断是无意识且非理性的，从而导致概率误判，这常常会给投资带来失误。

多年前我曾购置过一台钢琴，一直以来使用体验较好。经过老师的推荐，其他同学基本也都购置了该品牌的钢琴。因此，在2015年股市大热之时，笔者不假思索买入该钢琴品牌的股票，因为自己不但有深切的客户体验，又询问了其他消费者的意见，并且参考本地的销售数据，加之从事金融工作多年，自以为有了不少经验，因此内心极为笃定，甚至还有些自鸣得意。

我的一位好友听闻此信息，实地调研了各钢琴品牌，在经过综合比较后，持有了另外一只钢琴品牌的股票，最后收益率远远高于我。原来，这个钢琴品牌的确在我所处的省份销量较好，但在其他省份却被竞争对手轻松赶超，而且由于技术变革、公司治理、财务管理等方面的原因，其综合质地并不十分优秀。

市场上有不少我这样的投资者，仅仅因为自己购买过的商品使用效果不错，或者在某个上市企业工作的熟人收入高，甚至一则报道、一段股评，没有经过全面调查了解就一头扎进市场，投资结果往往不尽如人意。

我的朋友老王家隔壁有一个建筑工地，他每天都会在遛弯的时候顺便"调研"，询问钢筋价格、工地进度等。天气炎热工地停工或者连绵阴雨影响运输，都是他判断终端需求的原因。可是他忘记了，这样一个工地的钢材采购情况只能是市场的一个极小缩影，他所在的城市天气情况也无法代表全面的市场情况，根据这样片面的信息来做交易，结果自然是荒谬的。自以为深入实地进行调查，结果只是受到了熟悉场景的影响和蛊惑。

不但老王这样的普通投资者容易受到"可得性偏差"影响，连专业的投资团队也往往难逃潜意识的陷阱。某篇调研报告根据一家大型企业面临的问题，预测将对某品种后期走势有重大影响。报告内容精彩，给人留下深刻印象，很多投资者据此进行交易布局。

实际情况是，这家重点企业的问题并不具有代表性，看起来较为巨大的数字在整个市场面前被轻易消化，自然也不存在对于期货走势的影响。

很多情况下，我们熟悉的信息甚至眼见的情景，都并不能真实反映客观情况。依据主观感觉轻易做出结论无疑是不可靠的。

在投资决策的过程中，我们应当建立起决策的考评机制，多问自己几个问题：我的投资决策依据是什么？依据足以支撑整个投资框架吗？我采纳这些依据是否仅仅因为它们容易获得？我是根据经验/报道/他人意见去判断的吗？

我们应时刻保持一份警惕，不要被情绪所主宰，在思考和决策时保持一些冷静和从容。尤其对于初入金融市场的投资者而言，市场有数不尽的机会，不在乎慢一点，遇事稳妥，不盲目追逐热点，不被情绪左右，不打无准备之仗，才是生存和发展的良好开端。

想象的局限性

我们可以把这种可得性偏差与对一件事件的想象联系起来。如果一个容易被想象的事件能够被判断为更可能发生的事件，那么对于一个事件的想象可以增加其可得性，从而使它看起来更可能发生。

1976年美国总统大选（福特对阵卡特）的前一天，研究者让两组实验参与者想象他们在当天晚上或第二天一早从电视上看到了总统大选的结果。一组参与者想象福特赢了；另一组参与者想象卡特赢了。实验的结果表明，想象福特赢的人认为福特成功概率更高，想象卡特赢的人认为卡特成功概率更高。

对给定结果的想象使结果更容易提取，同时也增加了对其发生概率的估计。如果一个事件的结果很难想象，想象的努力就会降低人们对其可能性的预期。如果一个事件的结果是非常恐怖的，就会使个体产生否定感，这样对其结果的想象并不一定能够提高个体对其结果发生可能性的预期。

决策者更加容易被生动的信息所影响，而不是平淡的、抽象的或者是统计的数据。尽管生动效应在某些情境下是可以产生作用的，但是其适用的范围和效力都存在一定的局限性。同时，依据可得性偏差的一般原则，相对于平淡信息而言，对事件的生动描述可以提高人们对其发生概率和频率的判断。

这个也很好理解。比如现在的互联网领域，网民更加喜欢看视频，其次是听音频，接下来是图文信息，纯文字信息是最不受欢迎的。

以前有句话叫"人有多大胆，地有多大产"。这话当然不对，违背客观规律，但在股市中，却充满了超凡想象力。一个星期前，一些研究机构发布明年股市策略报告，预测明年上证指数可以到2900点、3000点，话音刚落，几天后大盘就把3000点踩在脚下了。

当然，如果都能猜到，那就不是股市了。证券分析之父格雷厄姆说过，股市这个"市场先生"情绪很不稳定，所以，猜指数的游戏实际上没有多大意义。其实，股票投资和上菜场买菜一样，有时候需要的是常识，就是低价买入，再有一点未来的想象力——相信价值一定会回归，然后在寂寞中等待，就能获得好收益。

在很多情况下，可得性偏差使我们的判断产生了很大的偏差，但是这种偏差也是影响人们对概率和频率做出判断的重要因素之一。在投资决策中，到底我们是应采取措施避免决策产生偏差，还是依赖于我们的想象力呢？仁者见仁智者见智吧！

我们身边无处不在的概率和风险

在日常生活中，无处不在地存在着概率和风险。轿车的刹车，头顶的云彩，每天摄入的事物以及对他人的信任。在投资交易中，概率的评估及风险的管理更是关乎交易生涯的大事。但是风险通常很难进行量化，甚至概率事件中最基本的问题也可能成为一个很大的挑战。

你会改变你的选择吗？

假设你正在参加一个游戏节目，你被要求在三扇门中选择一扇：其中一扇后面有一辆车；其余两扇后面则是山羊。你选择了一道门，假设是一号门，然后知道门后面有什么的主持人，开启了另一扇后面有山羊的门，假设是三号门。他然后问你："你想选择二号门吗？"转换你的选择对你来说是一种优势吗？

继续阅读以前，请先做出选择。

许多人都认为这个时候是否改变决策都没有什么差异。原因是他们认为在主持人打开其中的一扇门以后，剩余的两扇门背后有轿车的概率是相同的。然而，这并不是正确答案。正确答案是应该改变决策。

当参赛者转向另一扇门而不是维持原先的选择时，赢得汽车的机会将会加倍：

如下表所示，有三种可能的情况，全部都有相等的可能性（1/3）：

参赛者挑山羊一号，主持人挑山羊二号。转换将赢得汽车。

参赛者挑山羊二号，主持人挑山羊一号。转换将赢得汽车。

"参赛者挑汽车，主持人挑羊一号。转换将失败"，和"参赛者挑汽车，主持人挑羊二号。转换将失败。"此情况的可能性为：

$$\frac{1}{3} \times \frac{1}{2} + \frac{1}{3} \times \frac{1}{2} = \frac{1}{3}$$

轿车位置	你的选择	主持人打开	你改变决定	结果
一号门	一号门	二号或三号	二号或三号	你失败
一号门	二号门	三号	一号	你获胜
一号门	三号门	二号	一号	你获胜

续表

轿车位置	你的选择	主持人打开	你改变决定	结果
二号门	一号门	三号	二号	你获胜
二号门	二号门	一号或三号	一号或三号	你失败
二号门	三号门	一号	二号	你获胜
三号门	一号门	二号	三号	你获胜
三号门	二号门	一号	三号	你获胜
三号门	三号门	一号或二号	一号或二号	你失败

"你会改变你的选择吗"游戏的各种可能性

用贝叶斯公式计算"逢大事必跌"

在中国炒股，特别是最近10年，有一个不成文的规律叫作"逢大事必跌"。简单来说，就是只要有什么不寻常的事件，一般在事件发生的时候股市都是下跌的。虽然一开始这只是大家的笑谈，但是经过了好几年之后，似乎越来越多的人知道了这个规律，于是这个"逢大事必跌"开始变成了一个市场共识，并且最后变成了一个自我加强的现象。我们尝试用贝叶斯公式来解释这个现象。

所谓的贝叶斯公式，是指一个概率学上的问题：假设已知A事件和B事件单独发生的概率为P(A)和P(B)，并且已知A事件发生的条件下，B事件发生的概率为P(B|A)，求已知B事件发生的条件下，A事件发生的概率P(A|B)。贝叶斯公式告诉我们，P(A|B) = P(B|A) × P(A)/P(B)。

根据贝叶斯公式，我们将股市下跌（A事件）的概率设为P(下跌)，大事发生的概率（B事件）为"P(大事)"。然后，我们假设股市下跌时发生大事的概率为P(大事|下跌)，我们的目标是求大事发生时股市下跌的概率P(下跌|大事)。

为了求出该数值，我们做出以下假设：

①股市在熊市阶段，下跌概率大于上涨概率，因此我们设P(下跌)为60%。即P(不下跌) = 1 - 60% = 40%。

②根据市场有效理论，股市下跌一般意味着某个大事件的发生，因此市场针对该事件进行了反应。因此我们设P(大事|下跌) = 80%。即P(大事|不下跌) = 1 - 80% = 20%。

③根据①和②，P(大事) = P(大事|下跌) × P(下跌) + P(大事|不下跌) × P(不下跌) = 80% × 60% + 20% × 40% = 56%。

根据上述假设，我们计算得出

P(下跌|大事) = P(大事|下跌)×P(下跌)/P(大事) = 80%×60%/56% = 86%

这个计算结果告诉我们什么呢？假设在熊市中一般情况下股市只有60%的机会下跌，但是一旦出现大事件，下跌的机会就会上升4成到86%。这里面隐含的道理是，虽然大事件的发生本身是一个很寻常的事件（只有56%的概率），但是"发生了大事件"这个信息本身是有价值的。它的价值在于提升了我们对于股市下跌的确信度。因此，在市场中谁掌握的信息越多，就能够更加有信心预测未来价格走向，从而实现更高的投资收益。

同时，上述计算还显示了信息的价值和市场的有效性成正比。假设我们处于一个不那么有效的市场，导致②P(大事|下跌) = 50%。即 P(大事|不下跌) = 1 − 50% = 50%。因此③变为 50%×60% + 50%×40% = 40%。最终，P(下跌|大事) = 50%×60%/40% = 75%。可见在一个较无效的市场里，同样的新信息只能让未来下跌的概率从60%提升到75%，比起原先的提升到86%，提升幅度足足少了1/3，显示新信息的价值在无效市场打了个折扣。

最后，上述计算显示投资者对于市场的信心越大，新信息的价值就越小。假设熊市持续时间很长，因此投资者默认①P（下跌）的概率上升至80%，在假设②不变的情况下，假设③变为 80%×80% + 20%×20% = 68%。P(下跌|大事) = 80%×80%/68% = 94%。结果显示，在市场预期提高之后，新信息不过是把下跌概率从80%提升到94%，提升幅度不到2成。显示新信息对于市场预期明确的时候，价值也是要打折扣的。

爆仓的根源是杠杆

人们对事件发生概率的判断会受到事情结果积极或消极的影响。很多研究就已证明，在其他条件都相同的情况下，人们认为积极结果发生的可能性比消极结果要大，可能是"日子没盼头怎么熬过去"这种的本能想法作祟吧。

为了证明这种偏差的存在，心理学家曾经设计了一个实验，工具是一些背面朝上的脸孔图片。在实验中，参与者的任务就是猜测图片翻过来时是微笑面孔的概率。

实验结果发现，当图片中七成是微笑面孔的时候，参与者判断是笑脸的平均可能性为68.2%，在图片中七成是皱眉面孔时，参与者判断是皱眉面孔的平均可能性只有57.5%。这说明，个人对结果的估计影响了个体对结果发生概率的判断。

2018年A股市场大跌时，股民爆仓的消息频传，一幕幕悲剧就在眼前发生了。这些悲剧的主角，并不都是普通散户，而是号称投资眼光独到的大V投资者、私募基金、上市公司老板等。

很多人对爆仓的概念一知半解。经历过的觉得惨绝人寰，没经历过的闻之变色。爆仓到底是什么概念？用大白话说，损失全部本金，就是爆仓。爆仓的根源只有一个——加杠杆，也就是借钱炒股。

盈亏同源。杠杆炒股，赚钱很快，赔钱也很快，而且会赔得干干净净。因为，借来的钱迟早是要还的，所以只要亏钱，亏的就是自己的本金，本金亏完了，也就爆仓了。

如果你的仓位中有一半是借的，那么股票腰斩，就会爆仓；

如果有7成是借的，那么股票下跌30%，就会爆仓；

如果有9成是借的，不好意思，一个跌停板，就足够你跟股市说再见了。

价值投资的鼻祖格雷厄姆在1929年美国股灾时期由于杠杆炒股，导致财产大幅缩水、差点破产，华尔街投资天才《股票大作手回忆录》的主角利弗莫尔，由于杠杆炒股连续破产，最后被逼无奈，只能留下一句"我的人生是个失败。"后，自我了断。

在杠杆面前，没有人可以幸免，大V不能幸免，私募基金不能幸免，利弗莫尔不能幸免，就连被不少人奉若神明的格雷厄姆也不能幸免。

巴菲特炒股金句，千句万句，千万不要忘了第一句，那就是：永远要保住本金。加杠杆炒股，就是和自己的本金过不去。我们要想在这个市场长存下去，首先就要远离杠杆。

■ 控制好仓位，控制好亏损

在连续性事件中，概率容易被高估；而在非连续性事件中，概率会被低估。

来看一个例子：对以下三种情况的发生概率排序：

①从一个装满红色和白色弹珠的袋子（各自百分之五十）里拣出一个红色珠子；

②从一个袋子中（90%红色珠子，10%白色珠子）中连续7次见到红色珠子（选中的珠子在下次摸之前放回袋子中）；

③从袋子中（10%红色，90%白色）捡到至少一个红色珠子的概率。

通常人们都会排出：②＞①＞③；而统计上的概率是③（52%）＞①（50%）＞②（48%）。人们容易高估②（事件是连续发生）的概率，而低估③（事件发生非连续的）的概率。因此，在做计划的过程中，人们很容易过于乐观，因为他们容易高估连续事件概率。而在风险评估过程中（非连续性事件），人们容易低估发生概率。

在交易时你是不是有这种感觉：越着急赚钱，越难赚到钱；越着急赚钱，反倒亏得越快。无论你使用什么交易方法，无论你对交易系统进行了多少优化，一定有亏损的时候。亏损时，如果又是重仓交易的话，那就是大亏，如果

多次出现大亏的情况，爆仓的可能性就较大。

我们常常容易忽视连续大亏的可能性，总认为偶尔的亏损可以利用连续的盈利弥补，这就是低估非连续亏损的概率，而高估了连续盈利的概率。

任何一个交易系统都无法规避亏损，任何一次爆仓的根本原因都不是没有方法过滤掉亏损，入场不够严格等，这都不是决定性因素。真正导致爆仓成为必然的是重仓！

交易要想做好，只有轻仓一条路，不管你想要赚钱的心态有多么的急迫，都必须在轻仓的前提下做交易，严格按照交易系统操作，严格执行入场出场条件。

控制好仓位、控制好亏损，保证绝不出现大亏，这才是交易获利的第一法则。优秀的交易者，并非一周或一月内赚了多少多少倍，而是账户回撤控制得极好，因为他可以完全杜绝大亏损的发生，只有小亏与微亏。

看交易者的水平高低，不能看其顺境期的表现。超级大牛市的时候，不懂股票的人随便敲个股票代码都可以盈利，但一个牛熊周期以后呢？大部分人还是亏钱的，只有少部分人才能赚到钱。这部分能整体赚到钱的人并不是拥有完美的躲避亏损的能力，只是亏损小于盈利罢了，即其控制亏损的能力强。顺境期大家都能赚到钱，评价交易者水平高低主要看逆境期的表现。

保守主义的投资哲学

人们一旦形成了对某一事件的概率判断，当面对新信息的时候，改变判断的速度是比较慢的。这种不愿意改变先前概率估计的惰性被称为"保守主义"。这样的保守主义是相对于如贝叶斯法则这样的标准理论而言的。

按照贝叶斯公式，新信息是 B 事件不断发生，人们本应该根据这个信息去更新 A 事件发生的概率，但人们却更愿意固守之前估计的 A 事件发生的概率。

假设有两个各装了 100 个球的箱子，甲箱子中有 70 个红球，30 个绿球，乙箱子中有 30 个红球，70 个绿球。假设随机选择其中一个箱子，从中拿出一个球记下球色再放回原箱子，如此重复 12 次，记录得到 8 次红球，4 次绿球。你认为被选择的箱子是甲箱子的概率有多大？

调查结果显示，大部分人都低估了选择的是甲箱子的概率。根据贝叶斯公式，正确答案是 96.7%。

保守常常被称为"守旧、不求上进"，但保守主义也正是在认知到人类的不完美性为基础的，它们坚守自己的理念和选择，固守自己的能力圈，这何尝不是对人类自我认知更为成熟的表现！

我一直推崇的价值投资就是保守主义在投资领域的直接应用。价值投资的精髓，就是保守主义的思想精髓。价值投资者不仅在投资理念上保守，在投资风格上保守，在对公司的估值上保守，在财务上保守，而且还要求作为被投资对象的公司及其管理者都必须是保守的。只有如此全面保守，才符合价值投资的要求。

每个人都有无知的一面，很多的东西都是一个人的知识所不及的，每个投资者都应该有一个其知识和能力所及的能力圈。每位价值投资者必须牢牢守护自己的能力圈，集中投资。把自己局限于能力圈之内的"坏处"是可能错过圈外的投资机会，但如果这些机会与你的能力无关，那它们也就不是你的机会。

正是由于我们都是有缺陷的，所以投资过程中的错误是不可避免的，保守主义不是完全杜绝人犯错误，而是尽可能地降低犯错的概率，减轻犯错的后果。因此，我们需要恪守能力圈，减少投资次数，也就是减少失手的概率，把有限的智慧集中在屈指可数的投资决策上，以确保做出正确的投资决定，并长期坚持这个投资决定，即价值投资是所谓的"购买并持有"的策略。所以，我们更应该坚持长期投资的策略，让财富慢慢增值。

价值投资有两条著名的"基本原则"：原则一，永远不要赔钱；原则二，永远不要忘记第一条。可见，价值投资的取向也是消极保守的，它最关注的不是赚取多少，而是如何避免损失。因此，投资时要更加审慎，更加小心翼翼，只投资于自己理解的领域、行业与对象，还意味着只有长期持有才能享受到预期的后果。

■ 没有什么投资是绝对安全的

通俗地讲，风险就是发生不幸事件的概率。换句话说，风险是指一个事件产生我们所不希望的后果的可能性，是某一特定危险情况发生的可能性和后果的组合。

我们对于风险的知觉是高度主观的。人们经常会"自愿"接受一些风险，而不愿意接受另外一些风险。在风险事件的选择上，我们不愿意别人来指手画脚，我们要自得其乐。尽管这样的事情并不总是发生，但是在很多情况下往往如此。

当谈及风险这个概念时，我们更容易想到的是缺乏控制感，感到恐惧，灾难性以及其他不好的后果，比如灾难天气、车祸等。同时对于未来的无法预测，无法了解，新颖的事件都有可能造成伤害，包括我们的投资风险，这些都是"未知的风险"。最后，对于某一特定风险的发生概率和频率，都对我们的风险管理提出了更高的要求。

"投资某个项目安全吗？"投资领域的专业人士，在回答这类问题的时候，都会用"风险"这个词替代安全。在金融角度，投资和风险如影随形。虽然存在风险不一定会发生危险，但作为一个概率事件也要正确认知。

"低收益＝低风险"的说法害人不浅。这种说法是"高收益＝高风险"的错误反向思维。首先，原来的高收益要承受高风险的思路是对的，但是相反方向的"低收益＝低风险"并不是特别正确的观点。一项投资的风险除了体现在回报率上，还体现在产品、风控、运营以及大环境等上。虽然现在大家可以选择的投资范围比较广，但投资的总体思路还是要在个人的承受范围内，所谓的低风险或是高风险，更多的还是因人而异。

投资往往也是分析人性的过程，这个过程多是先从自己开始，拒绝主观、拒绝惯性思维，这样才能尽量不被错觉影响。对于投资来说，必须要保持冷静、客观，建立理性的逻辑思维是最基础的要求。

克服股票投资中的主观风险

当某项新实验、新技术或新发明出现了与预期相反的结果时，支持者认为将来预期结果出现的概率提高了，而反对者认为将来预期结果的可能性降低了。

面对相同的结果，支持者和反对者的态度分化是很明显的。因此，在很多情景中，个体对风险的知觉通常会受到先前观点的很大影响。

在股市里，就大多数股民来说，自己感受到的风险可能更重要，包括入市危险、市场危险、价格危险等，这里不妨称为主观风险。市场波动和损失本金的风险我们称为客观风险。

主观风险很难衡量，而且高度个性化。但也有一个特点：它是从近期历史推算的，因此是滞后的判断。

举个例子，熊市开始一个大跌，其实已经把多头势能给释放了，但是由于"创伤后应激反应"（指个体在经历、目睹或遭遇到严重伤害后所导致的个体延迟出现和持续存在的精神障碍），大多数人还陷在过去的恐惧之中。

反之，牛市大涨，可能自己买什么涨什么，或者看到别人怎么都能赚，以为风险很小。正所谓心旷神怡，宠辱偕忘，把酒临风，其喜洋洋者矣。其实，在熊市里，主观风险大，但其实客观风险小，因为估值都已经足够低，下跌空间不大，这种风险主要是波动风险，很少会损失本金。而牛市里，人人感觉没有风险，但因为价格高，随便一跌可能就腰斩、爆仓，不但存在波动，还可能永久损失本金。越是大牛市，越会伴大熊市。这时主观风险小，但客观风险大。

这就跟坐飞机一样，感觉危险，但是其实出事率很低。而坐汽车，感觉有掌控感，其实每天都会有人出车祸。

虽说处于股市哪个位置，并不是那么容易判断，但特别明显的大牛大熊，通过周围人群的反应就能明白。这种时候，重点不是分析市场和个股，而是突破自己的主观风险认识能力,进而逆向操作,坚持价值投资。

要想消除交易中的主观风险,我们就要降低对市场的期望,并突破心理上的限制。没有特别的期望,就不会对市场波动方式做出限制。没有心理的限制。你就可以更好地根据市场波动本质的方式看待一切。同时要有一种开放的心态,愿意接纳和承受眼前的风险,懂得消除情感上的惧怕,有问题出现就见招拆招,有着良好的心态,哪怕有风险来临,我们也不会畏惧。

如何避免偏差对决策的影响

决策者在对概率和风险进行判断的时候可以采取以下一些简单的措施来尽量避免偏差:

1. 保持完整的交易日记。这样尽可能较少首因效应和近因效应的发生,减少可得性偏差以及其他一些由于信息呈现方式的不同而产生的偏差。

2. 警惕预期和偏好。在很多情况下,人们都会高估预期和偏好事件发生的概率,而降低了自己不希望发生的事件的概率。打消我们过分关注预期和偏好的最好方法就是利用交易日记,完整记录交易前后的情绪和认知变化。

3. 将复合事件分解为简单事件。我们可以将影响趋势判断的因素分解为各种简单独立事件(如这些事件的结果是互不相关的),一个有用的策略就是分别估计每一个独立事件发生的概率。

如果这些事件因素是连续性的,则将这些概率相乘。在选股股票时,我们可以分别估计宏观经济向好、行业景气度提升、个股业绩优良等等的概率,然后将概率相乘就可以了。

如果复合事件是非连续事件,将独立事件发生的概率相乘,然后用 1 减去这个概率即可。一般情况下,豆粕在二三季度是季节性上涨走势,为了判断豆粕这个时间段的上涨概率,可以将中美关系紧张、生猪存栏下降、拉尼娜天气等非连续事件的概率相乘,然后用 1 减去这个概率就可以得出大概判断。但如果这些因素是相互关联的,这个方法就不适合了。

无论是社会生活,还是投资决策,对概率和风险的评估容易受到一些偏差的影响。有一些偏差来自代表性和可得性偏差这样的直觉,而另一些偏差则来自预期及偏好因素的结果,还有一些偏差来自个体信息呈现方式的不同。尽管偏差是可以修正的,但这些偏差确实可以使我们在进行概率判断时犯错误。

先入为主无所不在地影响着决策

人们在对某人某事做出判断时，易受第一印象或第一信息支配，就像沉入海底的锚一样把人们的思想固定在某处。作为一种心理现象，沉锚效应普遍存在于生活的方方面面。第一印象和先入为主是其在社会生活中的表现形式。

■ 第一印象就是"锚"

一位心理学家让两位学生做题，他要求甲尽可能地做对前 15 道题，而要求乙尽可能地做对后 15 道题，然后让被试者对甲乙两生作出评价，结果被试者大多为甲比乙聪明。

为什么会有这样的结果呢？其实甲乙两位学生前面的做对的题就是"锚"，被试者根据前面的题目来做出评价。甲一开始对得多时，哪怕后面对得少，被试者会倾向于认为是甲的失误；乙一开始对得少，就算后面对得多，被试者会倾向于认为是乙的运气好。

我们来看另一个实验，将被试者分为两组，第一组被要求 5 秒之内给出 $1\times2\times3\times4\times5\times6\times7\times8$ 的答案，另外一组被要求 5 秒之内给出 $8\times7\times6\times5\times4\times3\times2\times1$ 的答案。

众所周知，这两组人都没办法在这么短的时间内给出准确答案，只能给出一个估计值。

第一组给出答案的平均值是 512，而第二组的是 2250。正确答案是 40320。虽然两组人给出的答案都差远了，可是第一组给出的答案要比第二组要小得多，这是因为给第一组的是一个"低锚"，1 作为"锚"，让第一组被试的估计值变得低，而给第二组的是一个"高锚"，8 在前面，让被试的估计值相对高了不少。第一印象，也就是"锚"，影响了被试者的判断。

上面举的例子都是心理学相关的例子，接下来举生活中的例子。

相信男生们去大型珠宝店时，会看见在一个特别显眼的地方，那有一个珠光宝气的首饰，闪闪发光，走近一看，贵到无论如何都买不起。这时，女朋友被吸住，深陷其中，不买就不走了，转身就要你把这买下来，可是你买不起啊！你多番劝说女朋友，终于在买了另一样首饰后，她满意了。可是你有没有想过，如果是平时，你根本就不会买这么贵重的首饰给女朋友，为什么这次就买了呢？

很简单，珠宝店给出来一个很高的"锚"，而且把这个"锚"放在一个很显眼的地方，你可以不买这个"锚"，但是为了安慰女朋友，你肯定不会买一个差得天差地远的首饰，或者说，你根本就没有买给女朋友的想法，现在就不得不有这个想法了。

大多数的奢侈品店都是这样，弄一个贵到离谱的镇店之宝出来，摆在最显眼的地方，一进来你女朋友就看得见，然后，一个很高的"锚"就出现了，你没有任何办法，花的钱只能变多，否则，女朋友就不会满意。你做出决策时，"锚"带来的影响很巨大。

房地产销售人员为啥总先推荐你贵得离谱而且脏乱差的房子？为什么在4S店，聪明的销售总是会在卖给你车后，然后推荐附属物件（比如真皮坐垫）？这是同样的道理，虽然你肯定不会买又贵又脏乱的房子，但是这个价格，却在你心中成了锚点，从高锚点往下调整块就显得合情合理了；况且高价房还故意弄得脏乱，让你更觉得买便宜一点的房子是很值的；附属物件和车子几十万的价格一比，几千块的真皮坐垫就显得太微不足道了；你会想："几十万都花了，还在乎多这几千块钱吗？"其实呢，都是套路。

锚定效应是普遍存在的、不可动摇的。我们很难抵御锚定效应的影响，部分原因在于对正确性的激励很少能够产生作用，部分原因在于锚定值通常不会引起人们的注意。我们首先注意的是，观察相关的数值是否存在明显偏高或偏低的数值，这样锚定值就很可能使决策产生偏差。

锚定效应在股市的表现

锚定效应在股市交易的时候很常见，4900点的时候为什么舍不得卖？是因为看到前几天5100点的价格，觉得不甘心，心里想着等涨到5100点的那个价格我再卖，结果再也没等到。4500点的时候被4700点锚住。4000点的时候被4200点锚住……

一路下跌，一路被锚定，总是不甘心。这就是为什么连续暴跌的时候股民往往呆若木鸡，丧失操作能力，而当大盘开始反弹的时候如梦初醒，纷纷挥刀割肉。因为一反弹，股价容易达到之前锚定住的位置，于是就很有割肉的冲动。例如，大盘2008年从5600跌到1700只跑了1.4%的持仓账户。而2009年1月底大盘回到1990点，持仓账户经过3个月反弹竟然少了10.5%。

锚定效应在股市的应用不仅于此，还有股民经常听到的所谓拉高出货。中国中车6元涨到12元的时候很多人恐高，不敢买；等中车继续涨到39，再跌回19的时候很多人就愿意冲进去捡便宜。12元之所以觉得贵，是因为心里的锚抛在6元的位置；19元之所以觉得便宜，是因为心里的锚抛在39元的位置。

最后再讲一个最典型的锚定效应，就是成本价。很多股民只要价格低于成本价，处于被套状态，就舍不得卖出，套得越多这个情况越严重。

锚定效应对股市各个板块的影响

锚定效应的特征：因为第一印象接受的是事物的外在的形态或者单方面的信息，因此具有表面性和片面性。比如我们看到连续上涨的股票，认为它还会涨，于是就产生锚定，一冲动就买了，谁知道刚买就回调了，这时候仍然会受过去连续上涨思维的影响，认为会涨起来，就一直拿着，直到被深套。我们总是停留在过去的思维中不再往前看，这样就会缺少对未来的收益和风险的评估。

再把范围扩大，我们来看看这种"锚定效应"对股市各个板块的影响。对于大多数散户，既然听专家们说中小创股票涨得已经超高，那现在把它们换出来去追逐涨得还不算太厉害的大蓝筹股，岂不更好？然而，实际上这样"弃小逐大"的人数却并不众多。反过来，许多只做大蓝筹股的人，一直认为中小创股价格太高，而始终意识不到它们具有很大的"成长性"，所以，他们大多数人也就不会去"弃大逐小"。于是，人的思维锚定或叫思维定式就这样把各个板块"区隔"开了，这也正是创业板、中小板、大蓝筹等运行相对独立的原因之一。你是否听过媒体宣传创业板风险高的锚定，导致从来不买创业板，而2014至2015年领涨板块涨得最好的就是创业板。

所谓的"熊市思维"，"牛市思维"，"点位预测"，"追涨杀跌"，等等，也都可以说是"锚定效应"。以上所说的这些现象显然都是由思维被锚定住所致。

这也说明了为什么在趋势明朗时股市快速上升或者下跌；而不明朗时，则是剧烈震荡调整。因为在趋势明朗时，大家的锚定值具有较高的一致性，采取的行动较为一致，所以走势将更加明朗而快速；而趋势不明朗时，大家的锚定值一致性低，行为也就不一致，所以走势将会剧烈震荡。

在分析和预测趋势时，一定要选择高强度的锚定值来判断股价的震荡方向，这也是技术分析中箱体理论的科学性所在。

期货投资者也会犯这种错误

期货交易员往往也会犯同样的错误。他们喜欢看着自己账户中盈利的资产数字节节攀升，一旦账户处于亏损，就会忘记风控的指针，而一股脑地投入与市场的厮杀博弈中，期待扳回一局。现实状况往往是：过去的错误创造了更大的错误，已有的损失扩大了损失的规模。这就是锚定效应与人性弱点在错综复杂的交汇与相互发酵的化学反应下所产生的戏剧化结果：不断犯错。

不仅是账户盈亏，手里的头寸也会影响我们对商品价格走势的判断。如果你手里握有多单，你会近乎本能地去寻找那些利多的因素；反之，如果你手里握有空单，你则会放大那些负面信息对市场所带来的影响。这时候不是客观信息在影响你的决策，而是你的潜意识在指导你的行为，让接收信息的系统本能地抵制某些与你主观判断相反的信息或缩小你对它们影响力的判断。

那么，如何来解决锚定效应所带来的期货投资判断失准以及避免重复犯错的非理性行为呢？我认为可以从以下三方面入手：一是严格止损；二是风控者与交易者分离；三是组织团队客观统计和评估数据，排除沉没成本的影响。

锚定效应之所以能让我们重复犯错或者牺牲更多的资源，主要是因为自我辩护，对于沉没成本的观念和不愿顶着失败者的名字。然而，我们都知道这个市场没有永远的赢家。所谓的赢家也不过是市场给予机会的时候，比你做得好一些；市场不给机会的时候，犯的错误少一些。

■ 确定你的投资之锚

一是确定投资体系之锚。

每个人都有各自的思维方式和投资理念，一旦形成某种思维范式，就很难去接受其他的范式，这样思维也就或多或少被锚定住了。投资者的交易系统也要有一个基本的准则。比如巴菲特，投资的公司的产品一般都简单、易了解，并且不投高科技类股票。这个基本准则可以说是巴菲特的投资之锚。

不管是价值投资，还是趋势投机，有了自己交易体系的投资之锚，就不会在充满噪声的市场中随波逐流。投资者要做的是不断寻找，提取强势股共同的基因密码，在自己的投资之锚锚定的范围之内，按这些密码提供的线索顺藤摸瓜就行了。

二是确定公司估值之锚。

对企业的估值，才是投资者，尤其是价值投资者真正的锚。有了这个锚，才能在市场的波动中不急不躁地持有，或是挺过资本市场的寒冬。通过对企业合理严谨的估值分析，才能判断一只股票是高估还是低估，是否值得投资，而目前的价格是从前期高点跌了30%，或者前期低点涨了30%，都不是合适的锚，不该影响你的投资决定。

越是不确定的时代，这些选择之锚就越重要。投资，是个不确定性大的领域。合理适应与运用锚定效应，确定自己的投资之锚，就能在复杂的投资环境中，让决策变得更简单。

人们总是倾向于过分解释随机事件

人们总是倾向于过分解释随机事件，总是想用他们过去行为的经验来预测将来事件发生的规律，但是如果事件发生的情境都是由独立事件组成，且结果相同，那么三到四次相同结果的发生并不是不寻常的，人们应该尽量避免将相同结果的短期重复看作是有意义的。

真的存在随机事件吗？

守株待兔的故事大家都耳熟能详。那位守春树桩期待兔子的农夫，错就错在把随机事件当作了必然事件，结果不仅没有捡到兔子，而且田地也荒芜了。那么什么是随机事件呢？在一定条件下，可能发生也可能不发生的事件，就叫随机事件。在一定条件下，一定发生的事件是必然事件。有些事件永远都不会发生，我们称这样的事件为不可能事件。必然事件和不可能事件合在一起称为确定性事件。

那么到底有没有随机性呢？心理学家荣格用"共时性"来解释随机事件。荣格的研究认为两个或多个毫无因果关系的事件同时发生，其间似隐含某种联系。撞死的兔子和农夫潜意识的饥饿倾向之间的一种"有意义的巧合"基础就是撞死的兔子满足了农夫强烈饥饿感所带来的震撼，"共时性"并不局限于心理领域，在社会中也很常见，当然，这套理论的科学机制尚无定论。

股市并不符合经典的物理理论

当你看见一辆汽车在公路上高速行驶时，只需知道汽车的速度和方向，就可以计算出下一时刻它会出现在哪里。人们根据天体的运动规律，可以预测日全食发生的具体时间点。也就是说，你可以根据目前的掌握的物理规律，预测未来发生的事情。

其实世界上还有许多事情的发生是我们无法预测的，比如彩票摇奖、股市波动、天气预报、蝴蝶效应、掷骰子等。其实很多人认为，并不是说这些事件是随机的，而是我们没有掌握相应的知识预测随机事件的发生。

比如股市波动，只要我们知道股市每位投资者和机构的交易情况，我们就可以预测出股市波动的结果；天气预报之所以不是100%的准确，是因为人们无法掌握每一个空气分子的运动方式。

股市的运行，同样受到各种因素的影响，表现出似是而非的规律性。人们通过对股市各种参数指标的研究，做出各种走势的预测，实际效果并不总是令人满意。

究其原因，股市运行的规律，并不符合经典物理的理论，不能像经典物理学那样精确计算出导弹怎么飞，而是近乎量子物理理论的描述，不可说，说不准！股市长期而言，有周期性，股票价格的涨跌是一种随机运动，不可预测。这里所谓的随机性，是指数据的无记忆性，即过去的数据不构成对未来数据预测的基础。

市场的参与者很多，每个人对股市的预测、分析、观点的表达、传播等，都会对市场参与者的投资行为产生影响，直至改变股市的运行轨迹。投资者在预测之前未投资的股市与投资后的股市，其实已经不是同一个股市了。

举个例子，2018年底，很多机构和投资者是看好2019年下半年走势的，结果是在年初投资者就大规模入场建仓，投资者对于下半年走势的判断和随之而来的投资行为，已经改变了2019年股市的运行轨迹，2019年大概率的是上半年超买，下半年向下调整，全年走势前高后低，真要是听研报等下半年才入场的，就要"站岗"了。

股市的事情，与日常宏观世界遵守的经典物理不一样。预测并不是最好的策略，往往也是错误的，因此基于预测结果的左侧抄底行为是危险的，等待行情信号出现后的右侧交易，才符合股市的运行逻辑。这才是股市制胜的王道！

在没有规律的地方发现规律

有个统计学教授给学生布置作业，要求大家拿一枚硬币连扔200次，记下结果。教授说："你们不要造假，因为我能看出来。"

学生们以为教授是在吓唬人，不就是随机数吗，编个没规律的结果不就行了吗？但奇怪的是，教授还真能一眼认出哪些在偷懒。

那问题来了，教授是怎么发现的？

假如请你编造一个随机结果，你会怎么编？会不会是这样：反正正反正反正正反反。找不出规律就行。但教授一眼就能看出来这是编的。因为如果真的老老实实去抛硬币，你会发现，由于抛硬币正反面是随机的，所以连续出现正面或反面朝上的现象也会很多，所以真正的结果往往类似于这样：正正反正正反反反反正。我们可以看到，学生编造的结果出现转换的次数要比随机掷硬币时多得多。

此事对我们的启示是，在日常生活中我们往往会遇到多于两种选择（不仅仅局限于抛硬币时的正面和反面），任何一个结果的重复都可能使人们认为是

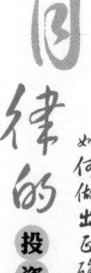

一个非随机的序列，人们期望在随机序列中产生比随机序列应有的转换更多的转换。但无论在社会生活还是投资决策中，随机事件的发生是没有规律和不可预测的。这无疑是这是一个非常重要的智慧。

彩票分析师相信中奖号码存在走势，认为其中存在规律，所以近期多次出现的组合可能会继续出现，或者按照这个趋势可以预测下一个号码。但这里根本没有规律，是完全随机的现象，即便存在缺陷，也需要大量的开奖后才能发现，而且缺陷的结果也很简单，无非是某个特定号码出现的可能性略大一些，完全谈不上什么复杂规律。

明明没有规律，这些彩票分析师是怎么看出"规律"来的呢？也许他们不是故意骗人，很可能他们真的相信自己找到了彩票开奖的"规律"。

发现规律是人的本能。

我们的本能如此强大，以至于在明明没有规律的地方也能找出规律来。人脑很擅长理解规律，但是很不擅长理解随机性。

在没有规律的地方发现规律是很容易的事情，只要你愿意忽略所有不符合这个规律的数据，而且如果数据够多，就可以找到任何我们想要的规律。

有人声称发现了《易经》对后世的预言。问题是，这些"预言"可以完美地解释已经发生的事情，但在预测未发生的事情时就不好使了。其实，如果仔细寻找，尤其是借助计算机的话，总能找到任何想要的"规律"。

如果有人找到了股市波动和政府宣布的某件事情相关时，你最好也不要相信，你如果交给计算机处理，肯定能找到很多虚假相关性，比如股市的涨跌竟然和姑娘的裙子高度有关。

未来是不可被精确预测的，这个世界也并不像钟表那样运行。

投资者所取得的成功深受偶然因素的影响

投资领域并不是一个未来可以预见，特定行为总能产生特定结果的地方。事实上，投资很大程度上受到"随机性"或"偶然性"支配，也有人把这二者称为"运气"。

沃伦巴菲特讲过这么一个故事：

2.25亿美国人每人每天拿出1美元来参加的掷硬币比赛。第一天，猜对的一方从猜错的一方手中赢得1美元，第二天继续猜，以此类推。

10天后，有22万人连续猜对10次，赢了1000美元。"他们尽可能表现得十分谦虚，但在鸡尾酒会上，为了吸引异性的好感，他们偶尔会吹嘘自己在如何在猜硬币上如何技术高超，天才过人。"

又过了10天，连续猜对20次的人减少到了215位，每人赢得100万美元。他们很可能会写本名为《我如何每天早上工作30秒就在20天里用1美元赚到了 100 万美元》的书，然后开课收钱。听上去很熟悉吧？

由此可见，很少有人充分意识到随机性对于投资业绩的贡献或破坏。因此，迄今为止所有成功策略背后所潜伏的危险常常都被低估了。

基于上述原因，一些基金经理往往能得到他们不应得到的荣誉。一次意外的成功能够换来良好的声誉，但显然，一次意外的成功有可能来自单一的随机因素。好在，这些"天才"中，很少有人能够连续对两次或者三次。这给我们提供了区分"靠运气做出成功决策"的基金经理和"靠专业做出正确决策"的基金经理之间的方法：在判断基金经理的能力时，多年的观测数据是必不可少的。

事实上，这也解释了为什么 A 股的基金中会存在冠军魔咒，每年的业绩冠军基金第二年的业绩表现都不怎么样。正是因为市场的风格在转变，高仓位押中了当年表现风格最好的股票就有可能夺冠，但连续押中的可能性太低，所以延续性就很差。

所以，在挑选基金和基金经理的时候，我们要尽可能选择"长跑健将"，同时，观察基金经理业绩时，要分别考察每一年的数据，而非近一年、近两年、近三年，以免受到某些年份因随机性导致业绩暴涨的影响。

坚持长期持有的价值投资策略

一位美国参议员用飞镖去掷一份财经报纸，挑出 20 只股票作为投资组合，结果这个随机得来的投资组合竟然和当年股市整体表现相若，更不逊色于专家们建议的投资组合，甚至比某些专家的建议表现得更为出色。

股市的变化具有"不可预知性"，我们可以通过历史交易数据、交易量等方面对股市进行分析判断，掌握更多的信息，但是股价上升或下跌具有一定的随机性，我们很难做到完全准确的预测。用任何短期的股价关系作为市场的普遍标准，来预测未来股价，都是非常危险的。

面对不可预知的市场，我们有必要进行科学的布局，由于个人投资者的资金有限，对风险的分散能力较弱，投资者可以选择长期持有的价值投资策略。

投资者在选择股票进行投资时，应该关注的是企业是否具有超出行业同等水平的盈利能力，同时是否具有发展前景行业的龙头地位；市盈率和市净率相对公司价值较低，价格当然越低越好，这样才能让投资者更有持股的耐心；长期投资并不意味着长捂不动，一旦股价达到理想价位，或者公司基本面出现变化，就应该及时卖出，把握住收益，控制住风险。

厘清事件之间的相关性和因果性

相关关系是指当一个事件变化时，另一个事件也可能随之变化，不论是这两个数据有没有必然联系。因果关系是指当一个作为原因的事件变化时，另一个作为结果的事件在一定程度上发生变化，这两个数据存在着必然联系。相关关系不等于因果关系，也就是说，两个变量之间存在相关关系并不意味着其中的一个事件就是另一个事件产生的原因。

古时候没有天气预报，人们往往根据蛙鸣预测有没有雨，但雨水不是蛤蟆叫出来的；地震前动物可能有异常表现，但地震不是阿猫阿狗闹出来的。了解这些现象之间的相关关系往往有用处。

在投资时，很多人爱事后分析上涨或下跌的理由，但大部分所谓的理由，其实根本不是理由，而只是相关性。一件事情和另外一件事情通常呈现一起发生的情况，先后可能有所不同，但并没有真正的谁一定在前，谁一定在后的必然性，这就是相关性。相关性对参与市场是有一定作用的，比如说你做 A 股，在美股形成同步趋势的时候，可以认为这个趋势更确定，相互印证类似的还有期股共振和股汇共振。这样的相关性往往具有互相加强，协同一致的作用。

而因果关系必须满足两个条件：①A 事件必然先于 B 事件发生；②A 事件必然导致 B 事件的发生。同时满足这两个条件，而且不管什么情况下，这两个条件都成立，只要发生 A，就必然发生 B，才能说 A 和 B 具备因果关系。

而大多数市场参与者是怎么看待的？且不说你事后去分析已经没有什么用，就说你分析的方法，根本就不满足这两个条件，而只是推测式地给自己找一个心理安慰剂吃，还一副恍然大悟的样子，这根本就是一种对因果关系无法摆脱的"心理疾病"。

错把随机性当成相关性

如前所述，当我们期待发现某种重要的联系时，很容易会将各随机事件联系起来。人们很容易将随机事件转化为对自己信念的支持。

假如我们相信事件之间存在相关性，更可能注意并回忆出某些支持性的证据。假如我们相信前兆与事件本身有相关关系，就会有意注意并记住前兆和稍后相继出现的一些事件。我们很少能注意到并记住一直以来不寻常的事件之间其实并无一致关系。

在投资决策时，我们持有某种观点，或者某个方向的仓位，我们回忆的信息多是支撑性的证据，在面对当前信息的选择时，我们也会更加注意支持观点或持仓方向的信息或事件，而很少注意并记住那些违背我们观点或持仓方向的信息或事件。

假如在我们想起某个朋友之后，恰好他打来电话给我们，我们就会注意并记住这个联系。并不会去注意一直以来当我们想起某个朋友时并不会接到他打来电话，或者接到了并不是我们所想念的朋友打来的电话。

投资要学会先"果"后"因"

在人类的世界观里，投资者做投资往往是通过因果关系来操作的，无论在哪个资本市场都是如此。用电影举个例子：因为《美人鱼》的票房预期好，所以它的投资发行商光线传媒可能会赚大钱。因此，买入光线传媒的股票是合理的行为。又或者举另外一个例子：因为电商近年发展迅速，所以投资行业巨头阿里巴巴将会收获到行业增长的红利。

就这两个例子而言，后者的做法比前者更加靠谱，然而这样做投资的人往往会因为介入时间太迟或者受到短期波动影响而进进出出，最终得不到良好的收益。

这是因为因果关系的投资者容易将注意力放在过多的短期波动上。问题不在因果关系身上，而在于人性上的缺陷使得我们很难克服因果关系带来的副作用——太过关注于一些细小事件的因果关系。这有点类似游戏《星际争霸》或者围棋，如果你太专注于局部"战争"，就会失去对整个"战局"的把控。

要知道一家公司的起起落落往往是由无数个的"因"和"果"组成的，追逐这些因果关系的投资者往往缺乏大局观。

巴菲特说过"如果你不想持有一只股票10年，那么你十分钟的时间都不要持有"。在巴菲特买入的时候，他就该知道如何卖出。即先看到"果"，再去看"因"。当被问到一笔好资产何时该卖出时，他的回答是"永不卖出"。

巴菲特在2009年以440亿美金收购了当时第二大的铁路公司——北方铁路公司（BNSF）。在2010年巴菲特给股东的信中，他写道："BNSF每吨货物运输的成本为1加仑柴油/500英里，其耗油效率比汽车运输的耗油效率高三倍，这意味着公司的铁路运输拥有巨大的运营成本优势。同时，降低温室气体排放量，减少对进口石油的需求量，铁路运输将使得我们的国家受益，使整个社会受益。"

这意味着巴菲特投资BNSF之前，预判了一个"高概率"会发生的未来。在这个未来的世界里，铁路运输因为成本和环境原因将比其他运输方式拥有更大的优势。

没人能看见精确的未来，巴菲特也不能，但如果能看见一个相对模糊的未来，你就可以像外星人一样把过去、现在、未来当作一块平面的桌布，这也会让投资心态发生翻天覆地的变化。不再专注于短期的因果，你将拥有超越常人的大局观和眼光。

人们总认为自己选择的彩票号码更容易中奖

心理学家曾经做过这样一个实验：他们对一家保险公司的内部员工发放了一批彩票，员工们可以花上1美元的价格来购买一张彩票，这样就有机会中得百万美元的巨额奖金。彩票号码可以机选，也可由员工自己选择。等员工挑选完毕之后，心理学家让公司开始和员工协商，希望可以从他们手中回购彩票。结果机选彩票的转让价是1.6美元，而自选彩票的转让价是8.6美元。当心理学家调查自选彩票号码的员工为什么会提高转让价时，员工的回家是觉得自己选择的彩票中奖率会更高一些。

人们之所以会认为自己选择的彩票号码更容易中奖，是因为"控制错觉"在作怪。人类有系统地高估自己对事件的控制程度，而低估不可控因素在事件发展过程及其结果上所扮演的角色。这种现象就叫"控制错觉"。换句话说，我们会以为自己采取的行动能够影响事情的结果。

"控制错觉"产生的原因在于人往往会在知觉上将世界扭曲成一个比真实情况更有次序、有组织、可预测、有意义的世界。人们是透过很多巧妙的方法（各种认知偏差）来让自己看不见真实。例如在判断两条路的交界时倾向将其规律化为九十度的直角；或是单凭第一印象就迅速地对他人未来可能的行为做出诸多预测。事实上，人们不但将这世界知觉成比真实情况来得更有次序，还将世界扭曲成比较可控制。

"控制错觉"正时刻影响你我的生活、工作、学习。

有人利用它给你"洗脑"，公司领导鼓励你，只要努力工作，必定前途远大，没过多久公司黄了；它也会带来无尽烦恼，学生非常努力学习，成绩却总不尽如人意；它更在不断侵蚀你的精力和时间，股民没日没夜研究短线操作，却逃不过被"割韭菜"的命运。

不仅如此，"控制错觉"的变种，可能让你受到严重打击，一蹶不振。顺风顺水时，它会让你过度自信，觉得一切尽在掌握中；而诸多不顺时，它会让你极度悲观，不抱任何希望。

"控制错觉"这么可怕，如何避免被它伤害呢？认清可控边界，只关注边界内的事，其他的，听之任之吧。

在做复杂或困难的事时，你能控制的只有自己的态度和行动，结果如何谁都控制不了。所以，只专注自己要做什么，能做什么，如何做，是最明智的选择。比如金融投资，把注意力全部集中到投资目标的研究，全力避开"垃圾资产"，"控制错觉"就不会乘虚而入，给投资人带来巨大损失。

你身体里，"控制错觉"这样的天性有很多，避免被伤害最好的办法不是消灭它们，而是了解它们，想办法和它们和平共处。

"控制错觉"是投资者的大敌

"控制错觉"会对投资者造成什么问题呢？投资者会认为，做点什么，总比什么都不做好。如果他们认为自己采取的行动会影响事情的结果，那他们可能会频繁地进行交易，一看到某则信息就想要进行买卖。

在"控制错觉"的影响下，当股价出乎意料地下跌时，投资者可能会认为下跌只是暂时的，而选择不调整策略；他们也可能因此而低估风险，无法较为客观地分析市场状况。

相反，当股票上涨时，投资者可能只是刚好猜中股价走势，却以为是自己控制了结果。

有"控制错觉"的投资者，在投资中，可能越有以下的倾向：

①预测大盘指数。大盘指数是过于复杂的多种因素作用的结果，投资者往往简单地通过几个因素的估计来预测指数，结果往往谬以千里。

②制定业绩目标。有投资者喜欢制定明确的、过高的收益目标，比如50%甚至一年一倍等，其实投资业绩跟自己的意愿、努力程度根本不是成正比的，明确的业绩目标往往会导致急功近利、忽视风险等。

③高杠杆融资，在股市上亏损有各种原因，在股市上爆仓清盘的基本是因为高杠杆融资，贪婪和过度自信导致忽视风险。

④高估自己预测的准确度，不考虑预测不准的概率和后果等。

投资实质上是概率的游戏，每一笔决策都有"谋事在人，成事在天"的成分。投资也没有100%确定的事情，无论我们如何努力，也是在处理不确定性，投资业绩的好坏、对公司把握准确与否都有概率的成分，特别是短期获得的业绩；我们应该把更多的精力放在"谋事"上，在考虑并控制风险的前提下追求合理的回报，业绩的好坏还有其他的影响因素，其中很多是我们不能控制的。

如何消除理解过程中的偏差

人们总是需要对周围环境做出一致性的理解,并且希望能够控制环境达到自己的需要,所以我们必须有能力预测他人将如何行动,并且必须试图解释别人的行为。这并没有什么科学方法,更多的依靠理解和内省。

在解释别人的行为时,我们倾向于性格原因(例如情绪、态度、人格、能力等);在解释自己的行为时,却倾向于环境因素(例如外界压力、情景、天气等)。

每个人都有归因的倾向

一个人老是在考试前闹别扭,其他时候情绪却相对正常,我们就会把闹别扭和考试连在一起,把闹别扭归于考试而非人格。一个凶残的罪犯又杀了一个人,我们在对他的行为进行归因时就会排除外因,而归于他的本性等内因。

人要想有确定感,就需要对这件事情的发生寻找解释,是谁的原因、发生了什么导致了这个事件,然后找更多的解释、证据、想法,来让自己越来越有情绪。这个解释的过程,就叫作归因。

当遇到了一件跟你期待不一致的事,而又找不到任何可以解释的原因,你可能会产生恐慌、彷徨、犹豫等情绪。其实我们会对平时生活工作中发生的一切事情做归因,归因能否正确或客观将对人的认知及行为造成非常大的影响。比如:公司同事小王业绩做得很好,他自己会给这个结果做归因,如果他归因是他自己比较聪明,能力强,长得好看,那么小王以后可能会更加自信或者说更自恋,自恋情结每个人都有,这是正常的,但如果长期只是自恋或自信,有一天当遭受打击,他可能会更缺乏寻找解决方案耐心,甚至由自信转变成自暴自弃。

我一位同事,前期工作做得很好,后来觉得自己很了不起,开始变得目中无人,也变得浮躁起来,工作开始不专心,跟同事的配合也变得不顺畅,工作结果当然也就变得糟糕起来。他反而觉得是领导、公司、同事等造成了现在的结果,最后满腹牢骚,天天抱怨,成为不折不扣的受害者,这其实就是归因问题。如果他归因自己比较努力,跟同事协作较好,自己做事细心用心原因,那么他以后会在努力用心及与人协作上更加下功夫。

人都有自恋情结,但不能在归因时忽略自己的问题或太过夸大自己一些内部稳定因素（比如聪明）。出现好结果时可以归因为外在因素，比如努力程度、协作、用心程度等；不好的结果出现时要反躬自省，多从自己身上找原因。

业绩归因如何影响投资行为

不论一家企业规模多大，业务多庞杂，毕竟都是由人来管理的。在企业的信息披露中，不可避免地显示出企业管理者基于"理性人"的自利性倾向，这种自利倾向是由于人们根深蒂固的自恋情节引起的，而这种自利性倾向又直接影响到投资者的决策和资本市场的效率。

上市公司的管理层会定期向投资者公布主要业绩指标。在选择上市公司时，我们会将公司业绩和会计利润作为投资决策的重要参考。而业绩归因则解释了企业利润的变动是由什么原因造成的，从而使投资者获得预测公司未来业绩发展趋势的线索。

但在资本市场中，业绩一直是信息披露操纵的重灾区。在会计利润方面就曾屡屡出现盈余管理现象，甚至有为数不少的企业因造假而遭处罚。业绩归因也难免存在类似问题。归因理论中就有自利性归因假说。屡屡出现的业绩造假也充分证明各国的上市公司均普遍存在自利性业绩归因行为，并且这些有失公允的业绩归因被披露后，对公司的股票价格走势确实产生了影响。

业绩归因、管理层评价、未来业绩预期、未来股价估值，直至股票投资行为，存在一条递进式的反应路径。对于绩差企业，不稳定的外部因素最能缓解投资者的不满情绪，对管理层的评价产生较好的正面作用，进而提升对公司的业绩和股价预期，增加股票投资；而稳定的内部因素则效果最差。同时，归因必须"合理"，才能被投资者所接受。在合理的前提下，适当的自利性程度可获得投资者对管理层的更高评价。而不合理的自利性归因只会适得其反，极可能被市场认定为信息操纵，并引发投资者的反感情绪，产生公司未来业绩和股价走势还将加速恶化的预期，并最终抛售公司股票。

什么是基本归因偏差

当销售人员的业绩不佳时，销售经理更倾向于将其归因于下属的懒惰而不是竞争对手的实力。如果一个人突然成绩变好了，我们第一反应是他本来就很聪明，而不会想到他刚好在一个对的时间遇到了一个对的刺激，把内在的潜能激发出来了。

人们常常把他人的行为归因于人格或态度等内在特质上，而忽略他们所处情境的重要性。在考察某些行为或后果的原因时，高估倾向性因素、低估情景性因素的双重倾向被称为基本归因偏差。

在日常生活中，那些拥有社会权力的人通常发起并控制谈话，而这通常会导致人们高估他们的知识和智力水平。学生会高估老师的智商，面试者会高估面试官的智商，因为面试官问的都是在自己熟悉领域的较难的问题。这也是隔行如隔山，对不懂的行业充满敬畏心理。

当投资业绩优良而且值得赞赏时，我们归因于自己的能力，而忽略市场氛围的作用。只有当业绩表现不好的时候，我们才更有可能归因于外部环境不好。而此时，某个旁观者会不自觉地从我们的业绩中推断出我们的交易能力。

作为投资者，环境会支配我们的注意力。当我们观察别人的投资行为时，作为投资主体的人则会成为我们注意到中心，而环境变得相对模糊。

一旦曾经可见的投资者在记忆中变得模糊，观察者通常会分配给情境更多的权重。比如某人交易了一只优秀股票，在短期内，人们会认为是他能力强，但如果长期业绩增长，我们就会说是当时市场走势良好。

投资决策中的归因倾向

胜败乃兵家常事，在做总结的时候，人们往往只关注技术层面的经验吸取，而对于成败的原因却没有理性认识。资本市场中但凡出现较大的行情变动，"阴谋论"常常会盛行。

很多时候，人们不愿意承认自己的失败是没有扎实研究、认真布局、严格遵守纪律导致的，而会将其归因于外界幻想中的敌人，或者仅仅是自己运气不好。一旦亏损，第一步想到的不是去反思自身行为，而是赶紧上网分析看是否为主力洗盘，甚至是去寺庙祈祷运气反转。而在盈利之后，往往沾沾自喜，笃定自己拥有很高的投资天分，所以一旦牛市来临，就会发现市场上人人感觉良好，甚至自诩为"中国巴菲特"。

如果投资者将成功归结于能力，会不自觉地减少努力，而在金融市场这个步步为营的战场，当风险来临，投资者意识到自己的能力并非想象中那么高超，便会开始自我怀疑，自乱阵脚，抗压能力较低。

要知道，一个人的努力程度是几乎可以完全自控的，提升空间也很大，而能力却相对较为稳定。有天赋固然很好，但是依仗于此，难免会"伤仲永"。另一个残酷的现实是，"绝大多数人努力程度之低，根本轮不上拼天赋"，这句话在投资市场上也是适用的。

我接触过市场上的一些顶尖交易员，他们无一例外，都比普通人更加努力，几乎是工作狂。这种情况下，如果普通投资者不付出更多的努力，就无法追赶顶尖交易员轻松可以达到的高度。

一位全国期货实盘交易大赛的获奖选手曾在某次交流会上问："有没有人

知道期货公司三个以上可以报单的电话？"全场无人应声。他笑着问大家："那如果做交易的时候出现突发情况，比如计算机故障而期货公司 400 电话占线，如何补救？"依然无人应声。

其实，每一次的成功和失败背后，都有着深刻的自我原因，将注意力集中到可以控制提升的范围上，从而提升自己的心理素质，拥有柔韧稳固的自我认知，不断进步，才能最终达到成功与超越，这是洞悉归因理论的现实价值。

自我服务偏差

当一个团队刚刚完成一个项目的时候，让这个团队的每一个成员来评估他在完成这个任务中的贡献率，然后都要求他们把自己的贡献率写出来，最后算下来，平均的总和在 139%。

大家听完这个数字，觉得也就多 39% 嘛，这个项目已经做完了，那总结出这个数字有什么意义呢？发奖金的时候就有用了。

发年终奖时，无论到手多还是少，很多人都觉得发少了。那为什么都觉得拿得少了呢？因为少了 39%。发奖金的时候肯定是按百分之百这个贡献度发的，但是人们心里的期望是 139%。

为什么年终奖拿得多的人也觉得自己发少了？因为他不是跟别人比，而是跟自己的付出比，他感觉上自己付出的要更多一些。

自我服务偏差指我们总是倾向于以有利于自身的方式来感知我们自己，甚至会脱离客观的事实。这与通常说的自恋有点类似。最常见的自我服务偏差就是自我恭维，就是在许多主观评价方面，大多数人都会觉得自己比平均水平要高。最典型的表现是成功了是靠自己，失败了怨环境。

这么看来，自我服务偏差似乎没有一点好处？

其实也不是，自我服务偏差可以看作人类心理的一种自我防御机制，这种对自己的正面性评价，能让我们有效缓解压力，避免抑郁带来的伤害。这也不难理解，因为当你把所有的错都归结为自己的过失时，压力之大是足以把一个人压垮的。

可是凡事过犹不及，自我服务偏差的不良适应在于，它可能让人们无法客观公正地看待事物，总是把一切都作对自己有利的解释和归因，而这样也会导致人们盲目乐观，自我感觉过分良好，觉得自己足够优秀，要错也是别人的错，也就忽视了自身的努力改变和成长，会让我们更容易去责备身边的人，给人际关系带来障碍。

在股票投资中表现为投资者往往把收益归功于自己的理性判断和选股能力，而将失败归于整个资本市场无法消除的系统风险以及其他环境因素，并非

自己的判断失误，对自己的能力评估不合理，导致产生过度自信。

如何避免自我服务偏差呢？如果你觉得已就某事得出了结论，试着去证明一下你是错的。在质疑自己结论的过程中，其中一项工作就是与拥有不同意见的朋友进行交流，多面对与自己观点不符的信息或事件，如果人们经常重新评估对于事实的解读，那么获得正确结论的概率也就越大。

第四部分

困扰投资者决策的几个常见问题

梳理决策的失误,
避免投资的陷阱。

为什么我们在人前人后表现如此不同

由于人类本质上具有社会性，因此判断和决策很容易受到社会因素的影响。即使在独自决策时候，人们也常常根据他人会作何评价的预期来决定自己的行为。

为什么需要研究社会行为

人是渴望和他人交流的，投资者不可能游离于社会之外。社会网络包括线上的和线下的人际关系，社会网络是人的社会性的体现。互联网带给我们的是几乎无处不在的数字网络，这也使社会给予我们的影响无处不在。

随着全球互联网、移动终端以及社会网络的发展，人际距离不断缩短。在互联网上，每个人的行为、态度、情绪都会使我们的社会网络泛起涟漪，也影响着每个人的行为表现。那么无论是线上还是线下的社会网络，当其他人在场或不在场时，我们行为会有什么不同呢？

当其他人在场的时候，我们行为表现与独处的时候相比有什么变化？面对那些简单的、熟练的行为时，人们在有旁观者在场时则会表现得非常好；但是面对那些复杂的、还没有掌握好的技能，人们在有他人在场时则会变现得没那么好。即使其他人并没有实际在场，只要个体预期自己的行为会受到其他人的评价，这种促进或损害的效应也会发生。

因此，真正的期货交易者都是孤独的，他们越成功，就越偏执，越孤独。做过期货交易的朋友也许能明白：不能人云亦云。一起讨论行情，在我看来是"兵家大忌"，很容易全军覆没。所以在期货交易这条道路上，你只能"独孤求胜"。

你需要做个"旁观者"

1964年，美国纽约，一位叫凯瑟琳的好被当街尾随她的男子折磨了35分钟后，残忍杀害。她遇害的地方不是什么人烟稀少的地方，而是在纽约市皇后区的繁华地段。虽然事件发生在凌晨3点15分，但是由于凯瑟琳大声呼救，还是惊醒了38名居民。而这38名居民，都打开了卧室的灯。令人难以置信的是，38名居民从公寓窗户里眼睁睁地看着，但是没有一个人报警。事后经过调查，这38名居民都是遵纪守法的好公民，很多人也很有正义感。

这件事情震惊了整个美国，报纸上也出现了各种阴谋论。比如说是黑帮寻仇、情杀等。也出现了各种批判美国国民素质的言论，说美国已经沦为一个人情冷漠的国家。

大量的事件表明，当现场有大量旁观者在场时，人们对紧急情况伸出援手的可能性最低。换句话说，如果周围的人越少，受害者获得救助的概率越高。这就是旁观者效应。

旁观者效应也称为责任分散效应，是指对某一件事来说，如果是单个个体被要求单独完成任务，责任感就会很强，会做出积极的反应；但如果是要求一个群体共同完成任务，群体中的每个个体的责任感就会很弱，面对困难往往会退缩。因为前者独立承担责任，后者每个人都期望别人多承担些责任。"责任分散"的实质就是人多不负责，责任不落实。

就拿凯瑟琳的例子而言，人们袖手旁观的原因主要有两个：

①周围有其他可以帮忙的人，每个人需要承担的责任就少了。

②当人们碰到这种不确定性很强的情况，会很自然地根据周围其他人的行为加以判断，这就是从众心理。比如说，你看到有20个人从你身边往后跑，你会如何做？绝大多数人都会不管三七二十一也跟着往后跑。

同样的事情，当面临投资亏损的时候，我们很容易忘记其他亏损的投资者恐怕也正在寻找证据，所以他们也在看你，结果就是大家大眼瞪小眼，啥事也不干，也就错过了最好的止损时机。而有一种更可怕的情况，就是每个人都有可能得出判断：既然大家都是亏损的，那就应该没什么问题。

我想我们应该做个"旁观者"，和这个市场若即若离，才能"旁观者清"。如果和这个市场离得很远，就很难发现本质、发现主要矛盾；离得太近，各种琐碎消息会让我们迷失方向，干扰自己对主要矛盾的判断。

我们要做一个旁观者，以旁观者的心态看待市场。我们要离这个市场既远又近，始终把握主要矛盾，客观认识这个市场。这是成功投资的关键所在。但是，这非常难。

■ 救市中的旁观者效应

在股票投资中，投资者们应该明确，在一个责任分散的社会，无论你怎样的期望，最终的结果都是悲剧，那么我们能够做的就是让自己强大起来，或者等待责任明确。

（1）国家救市说。当市场进入跌势之后，就会有国家救市说出现，新闻会批量报道这个资金入市、那个机构救市。很多股评、分析师、业界大佬会呼吁国家救市。你挣钱了国家没多收你一分，你亏钱了国家就要救市，这是什么逻

辑？暂且不讨论这个逻辑，呼吁国家救市，哪个机构救、如何救市、如何实施，这时责任被分散，最终等待机构抄底，然后还美其名曰总算来救市了，这就是一种典型的旁观者效应。

（2）场外资金。每当市场冲击重要关口的时候，就会听到这样的声音：一旦冲破这一关口，就会产生挣钱效应，吸引场外资金入场，形成阶段性上涨甚至形成牛市。大家都知道，牛市的形成需要大量资金净流入，仅根据趋势关口，或某一政策，就呼吁资金入场，这不是开玩笑吗？就算呼吁资金入场，入场渠道、入场机构、入场标的都无法明确，责任又一次分散，大量资金只会观望不会行动。别把资金方当傻子，没有大的经济政策引流，吸引场外资金就是个笑话。

（3）前面两个例子是旁观者效应的负面应用，其实这种效应也可以正面应用，最典型的就是分散投资。将资金分散到不同工具及不同标的，让风险责任分散，这样就算哪一种工具或标的出现问题。由于责任分散，其造成的影响也是有限的。

股票市场有各种各样的人与机构在参与，人多的地方，责任必然被分散。就像证券公司常常会告诉大家，投资有风险，入市需谨慎，但是内心还是希望你入市，这不过是在弱化责任。

旁观者效应虽然是一个简单的理论，但是其给予我们的启示却如同醍醐灌顶。只要参与投资，只有自己才靠得住，别人的责任最终将被分散弱化。旁观者效应告诉我们，人多并不一定力量大，如果想解决这一问题，必须自担责任、明确责任、强化责任，这样才能确实可行地解决问题。

别人家的孩子：社会比较理论

当我们和父母产生争执时，父母总会提到"别人家的孩子"，别人家的孩子是不是真那么厉害，我不知道，但至少在家长的想象中他是最厉害的。

当我 50 米跑出了 6 秒的成绩时，我们是不知道自己的表现是好是坏的，当我走了 9000 步，我也同样无法判断究竟是多是少。这时我们便会进行社会比较，将自己的成绩和其他人的成绩进行比较，从而得出一个相对的位次。这就是社会比较出现的原因。

个体具有对自己评价的内在驱动力，但是在缺乏标准的情况下，无法对自我进行客观的评价，于是便通过和他人的比较来对自我进行评价，这就是社会比较理论。

现实生活中，大多数人会和自己周边的人进行比较，去调整自己的行为、习惯。如果和某方面比自己优秀的人比较可以使人有进步的动力，也可能会让自己更加自卑。如果和某方面比自己弱的人比较，可以用于修复心理创伤，或者用于自我满足和自我陶醉。

大部分投资的人也都喜欢和水平相仿的人交流，认为信息更容易获得，同时可以互相督促。但实际上我们更应该和比我们优秀的人交流，这样可以帮我们找到自我提升的机会和方法，进而与优秀的人越来越接近。但是这种交流会给我们带来很大的压力，降低我们的自我价值感。

有的投资者喜欢和比自己弱的人交流，经常用于修复心理创伤，或者用于自我满足和自我陶醉。例如最近投资巨亏，我们总会安慰自己说："没关系，还有人比我更惨，股票踩雷了！"

每个人都喜欢人与人之间好的关系，彼此真诚以待，同进同退。但是在实际中，即便是乌合之众，也总会有自己的场地。于是，与其在人群中寻找，更多的人开始在人群中迷失。和优秀的人比较，带来的也不再是进步的动力，而是无尽的攀比和不满足，也伴随着越来越多不健康的追逐。

可是，如果没有人群，你是否能够给自己清晰的坐标，清晰的定位？社会中总有一部分人已经做到了，他们明白自己的现在以及自己的将来，不需要通过各种社会比较去认知自我、肯定自我、实现自我满足，也不需要通过比较去自我伤口的愈合。他们对自己有着自己清晰的定位。做到这些，就已经是行业的佼佼者。

别做最后一个傻子：博傻理论

1720 年，英国股票投机狂潮中有这样一个插曲：一个无名氏创建了一家公司。自始至终无人知道这是一家什么公司，但认购时近千名投资者争先恐后把大门挤倒。没有多少人相信他真正获利丰厚，而是预期有更大的笨蛋会出现，价格会上涨，自己能赚钱。饶有意味的是，牛顿参与了这场投机，并且最终成了"最大的笨蛋"。他因此感叹："我能计算出天体运行，但人们的疯狂实在难以估计。"

在股票、期货市场上，人们之所以完全不管某个东西的真实价值而愿意花高价购买，是因为他们预期会有一个更大的笨蛋会花更高的价格从他们那儿把它买走。博傻理论告诉人们的最重要的一个道理是：在这个世界上，傻不可怕，可怕的是做最后一个傻子。

博傻是指在高价位买进股票，等行情上涨到有利可图时迅速卖出，这种操作策略通常被市场称为傻瓜赢傻瓜，所以只能在股市处于上升行情中适用。从理论上讲博傻也有其合理的一面，博傻策略是高价之上还有高价，低价之下还有低价，其游戏规则就像接力棒，只要不是接最后一棒都有利可图，做多者有利润可赚，做空者减少损失，只有接到最后一棒者倒霉。

博傻理论所要揭示的就是投机行为背后的动机。投机行为的关键是判断

"有没有比自己更大的笨蛋"，只要自己不是"最大的笨蛋"，那么就一定是赢家，只是赢多赢少的问题。如果再没有一个愿意出更高价格的更大笨蛋来做你的"下家"，那么你就成了最大的笨蛋。可以这样说，投机者信奉的无非是"最大的笨蛋"理论。

股票市场上的一些投资者根本就不在乎股票的理论价格和内在价值，他们购入股票的原因，只是因为相信将来会有更傻的人以更高的价格从他们手中接过"烫山芋"。支持博傻的基础是投资大众对未来判断的不一致和判断的不同步。对于任何部分或总体消息，总有人过于乐观估计，也总有人趋向悲观，有人过早采取行动，而也有人行动迟缓，这些判断的差异导致整体行为出现差异，并激发市场自身的激励系统，导致博傻现象的出现。这一点在中国股市表现得也曾相当明显。

成功的投资人早已告诫我们，在股市中，不是比谁赚得多，而是比谁活得久。

为什么很多人懂得博傻理论背后的风险，还是要义无反顾地投身进来呢？皆因"贪"。现实生活中，那些成为最傻的人，除了习惯性跟风投机炒作之外，还很贪婪。在博弈中，他们为了获得最大化的利益，总是期待最后一个傻子的出现，结果越贪婪越失去理性，一不小心成了最后一个接盘的笨蛋。所以，当贪念起时，别忘了提醒自己，贪婪会把你带向破产的悬崖。

什么是从众效应

一个老者携孙子去集市卖驴。路上，开始时孙子骑驴，爷爷在地上走，有人指责孙子不孝；爷孙二人立刻调换了位置，结果又有人指责老头虐待孩子；于是二人都骑上了驴，一位老太太看到后又为驴鸣不平，说他们不顾驴的死活；最后爷孙二人都下了驴，徒步跟驴走，不久又听到有人讥笑：看！一定是两个傻瓜，不然为什么放着现成的驴不骑呢？爷爷听罢，叹口气说："还有一种选择就是咱俩抬着驴走了。"

这虽然是一则笑话，但是却深刻地反映了我们在日常生活中的一种现象——从众效应。

从众效应也称羊群效应，是指当个体受到群体的影响（引导或施加的压力），会怀疑并改变自己的观点、判断和行为，朝着与群体大多数人一致的方向变化，也就是通常人们所说的"随大流"。

从众效应是个体在真实的或臆想的群体压力下，在认知上或行动上以多数人或权威人物的行为为准则，进而在行为上努力与之趋向一致的现象，包括思想上的从众，又包括行为上的从众。

积极的从众效应可以互相激励情绪，做出勇敢之举，有利于建立良好的社会氛围并使个体达到心理平衡，但一味盲目地从众，可以扼杀一个人的积极性和创造力。能否减少盲从行为，运用自己的理性判断是非并坚持自己的判断，是成功者与失败者的分水岭。

大多数人认为从众行为扼杀了个人的独立意识和判断力，因此是有百害而无一利的。但实际上，对待从众行为要辩证地看。在特定的条件下，由于没有足够的信息或者搜集不到准确的信息，从众行为是很难避免的。通过模仿他人的行为来选择策略并无大碍，有时模仿策略还可以有效地避免风险和取得进步。

成功的投资需避免从众

在投资的世界里，也不乏从众的例子。

2015年A股的大牛行情，以及股灾中的踩踏现象，在巨量成交的推升下资金你追我赶，当市场急转而下之时又是争先恐后，千股跌停的绝唱可谓惊天动地，这就是股市中常见的"追涨杀跌"。

每个人都存在着一定程度的从众心理，这种心理往往使投资人做出违反其本来意愿的决定，如果不能理智地对待这种从众心理，则往往会导致投资失败，利益受到损失。有些投资人本来可以通过继续持股而获取利润，由于受到市场气氛的影响，最终错失良机；有些投资人虽然明知股价已经被投机者炒作到了不合理的高度，但由于从众心理的作用，结果跟着人家买进，最后被套牢。

市场上有那么多受过良好教育的、经验丰富的专业投资人士，可是却没有更符合逻辑、更理性的力量。事实上，机构投资者占的比例最大的股票是价格波动最大的股票。股价的大幅波动，与机构投资者那种从众的行为更加相关，而不是与这些投资者持有的公司的总收益更相关。

大多数投资组合经理人无法超越主要指数，这并不是智力方面的原因，而是决策的过程造成的。大多数机构决策是由一群人或某个委员会共同做出的，这些人或委员会都怀有强烈的愿望，希望与通常的投资组合安全保障行动一致。这些替代资金经理人的机构把安全等同于"普通"。追随标准的投资分散化行为，不论是理性的还是非理性的，都不是独立思考的结果。

在股市上，我们经常可以看到这样的现象：逢牛市时，大家都谈论股票如何好赚，入市的人最多，成交量猛增，达到了"天量天价"。很多人不知道，这其实是由于股民的从众心理造成的。结果，达到天价的股票持续不了多久，突然下跌，受害人就非常多。所以，股市上有"10人炒股7人亏，另有2人可打平，只有1人能赚钱"的说法。这是对那些总想紧跟大势的投资者的最好忠告。

在股市上，要想得到最好的超出平均水平的机会，投资者必须愿意与大众背道而驰。正如巴菲特所说："缺憾就在于走传统的道路。作为一个群体，旅鼠的名声可能很糟糕，但是单个旅鼠从来不会受到不好的描述"。

金融投资中的相反理论

记得以前我在东北调研的时候，有一位期市大佬看好美国小麦，我恰好也在研究小麦的数据，赶忙表示赞同：美国小麦历史上最大调整也就是四五年，而现在的价格从前期高位已经跌 6 年了，并且价格回到了十几年前的水平。无论时间还是空间，都该涨啊！另一位同行也说，美国小麦有涨的理由。然后，大佬感叹了一句：我发现，凡是我开单以后问问周围的人，大家都赞同的，我基本是亏钱的；要是都反对，那我肯定是赚钱的。

相反理论的基本要点是投资买卖决定全部基于群众的行为。它指出不论股市还是期货市场，当所有人都看好时，就是牛市开始到顶；当人人看淡时，熊市已经见底。只要你和群众意见相反的话，致富机会永远存在。

（1）相反理论并非只是大部分人看好，我们就要看淡，或大众看淡时我们便要看好。相反理论会考虑这些看好看淡比例的趋势，这是一个"动概念"。

（2）相反理论并不是说大众一定是错的。群众通常都在主要趋势上看得对。大部分人看好，趋势会因这些看好情绪变成实质购买力而上升。这个现象有可能维持很久，直至到所有人看好情绪趋于一致时，趋势就会发生质的变化。当每一个人都有相同想法时，每一个人都错。

（3）相反理论从实际市场研究中，发现赚大钱的人只占 5%，95% 的人都是输家。要做赢家只可以和群众思想路线相悖，切不可以同流。

（4）相反理论的论据就是在市场行情将转势，由牛市转入熊市前一刻，每一个人都看好，都会觉得价位会无止境地升。大家都有这个共识时候，就会尽量买入，升势消耗了买家的购买力，直到想买入的人都已经买入，而后来资金却无以为继。牛市就会在所有人的看好声中完结。相反，在熊市转入牛市时，市场上一片冷清，所有看淡的人士都想卖出，直到他们全部都了货，市场已经再无看淡的人采取行动，市场就会在所有人都卖出货后见到了谷底。

（5）在牛市最疯狂，但行将到顶之时，大众媒介如报章、电视、杂志等都反映了普通大众的意见，尽量宣传市场的看好情绪。人人热情高涨时，就是市场暴跌的先兆。相反，大众媒介懒得去报道市场消息，市场已经没有人去理会，报章新闻全部都是市场坏消息时，就是市场黎明的前一刻。

相反理论带给投资者的信息十分有启发性，并非局限于股票或期货，其实亦可以运用于地产、黄金、外汇等。它是投资者的时间指针，帮助投资者看清哪个时候是机会，哪个时刻趋势未明朗。

相反理论提醒投资者：

（1）深思熟虑，不要被他人所影响，要自己去判断。

（2）要向传统智慧挑战，群众所想所做未必是对的。即使投资专家所说的，也要用怀疑态度去看待处理。

（3）凡事物发展，并不一定好似表面一样，你想象上升就一定上升。我们要高瞻远瞩，看得远，看得深，才会胜利。

人类本质上具有社会性，因此我们的决策和判断很容易受到社会因素的影响。即使在独自决策的时候，我们也常常根据他人会做出评价的预期来决定自己的行为。因此，任何时候要对人们的决策和判断做出全面的解释，都必须把社会因素考虑进去。

群体决策能否比个体决策更准确

群体能比个体做出更好的决策与判断？群体能避免个体因直觉而出现偏差吗？在投资决策时，机构投资者更多地依赖群体决策与判断。研究显示，群体和个体在归因和判断时产生的偏差是类似的。

群体偏差同样存在

在考察某些行为或后果的原因时，我们常常会低估行为的外部决定因素，并且想当然地认为行为和一些内在人格或态度存在关联。群体也具有这种归因偏差，他们也会忽略环境因素。作为个人，人们常常把自己的成功归因于内部因素，把自己的失败归因于外部因素。作为群体的一员，我们会把群体的成功归因于群体的内部因素，而把群体的失败归因于群体的外部因素。

我们总是对自己的群体成员给予善意的理解。在解释外群体成员的行为时，我们更容易从坏的角度去设想。外群体成员的积极行为相对而言经常被人忽略。它可以被视为"特例"，被归因于运气或者某种特殊优势，或情境的要求，或者额外的努力。

中国的资本市场存在着外资、保险基金、公募私募、投资公司等不同的机构，也存在数量众多的个人投资者。作为个人投资者的一员，我们也会对其他不同机构投资者的解读存在偏差和误差。

当某家信托机构者出现了连续踩雷的事件时，我们会认为这家公司风险管理不当，交易能力低劣，而忽视了市场的原因；当新闻报道出现国家规范外资机构的消息时，我们会认为它们掠夺中国财富，而忽视了他们对宏观经济和行业的精准分析。

当我们的朋友或同事出现亏损的时候，我们会认为他运气不好，而不会认为他能力不行；当他连续数年盈利的时候，我们会到处传播他高超的交易技巧，而忽略了当时市场的整体向好的走势。

在某个实验中，要求三个大学社团成员对他们自己团体和另外两个团体的群体内相似程度进行判断，发现被试者认为他们自己团体的成员与其他团体成员相比具有更大的不同，表现出外群体同质性效应。日常生活中我们也往往倾向于认为本国人都是彼此不同的，个个都有特点，比较容易识别，而外国人则都是一样的，难以识别。

我们倾向于认为其他群体都具有很高的相同特质，而我们的群体则是很复杂多样的。原因是我们对熟悉的群体容易看见其多样性，而对于不熟悉的群体则容易产生刻板印象。

我们倾向于对不同的投资机构（外资、保险、私募、游资等）形成固定的影响，倾向于认为社保偏重于稳健投资，外资的超额收益，散户的频繁交易等等特点，很容易忽视他们的多样性。

所有上述结果意味着什么呢？显然，尽管我们还需要做更多的研究，但这些初步的发现表明，个体水平的直觉和偏差在群体决策和判断中仍然起作用。而且，有时在群体中还会出现比个体还大的偏差。

群体极化会导致从众行为

如果你经常在互联网或者生活中与他人讨论对市场走势的观点或者评论他人的观点，那么你会发现通常讨论的结果都会是两个极端派在喋喋不休地争论或者大家都支持某一极端的观点。

每个人都是有着不同思维的独立的个体，对于同一件事，每个人都有自己的观点。当面对一件需要大家共同处理的事，而出现不同观点时，我们通常会选择群体决策（即讨论）的方式来解决问题。进行群体决策的目的是让群体的观点达成一致，在保守的观点和冒险的观点中选择一个平衡点来达到做出最佳决策的目的。然而在群体进行决策时，人们往往比个人决策时更倾向于冒险或保守，向某一极端偏斜，从而背离最佳决策，这种现象被称为群体极化。

由于群体极化的存在，群体决策会对我们的观点造成一定的影响。群体极化可以促进群体意见一致，增强群体内聚力和群体行为。群体极化也会带来一些消极影响，能使错误的判断和决定更趋极端。群体可以加剧"投资过多难以抽身而退"的现象，使许多投资活动蒙受巨大的经济损失。当持有亏损的仓位时，我们必须做出决定，是否为了避免亏损额度的继续扩大而追加投资。单独决策时，有72%的人会追加投资；而在群体决策时，94%的人会追加投资。

人们的投资行为往往会受到他人的影响，当大多数投资者都陷入贪婪而拼命追涨时，很少有投资者能冷静地抵制购买的诱惑；当大多数投资者都陷入恐惧而拼命杀跌时，也很少有投资者能抵制抛售的冲动。这种群体的压力是非常巨大的。然而，明智的投资决策往往是预料之外而情理之中的决策，大家都看中的热点板块的投资价值通常已经提前透支了，而聪明的投资者一般会不断观察与跟踪具有投资价值的股票，当它的股价下跌到合理区间范围之内时（被大多数投资者忽视），就会果断吃进。

很显然，这样做不仅需要专业的价值评估水平，更需要抵制群体压力的坚定意志与敢为天下先的巨大勇气。大多数投资者购买股票不是基于逻辑，而是

基于情感，我们要从股市的情感旋涡中拔出来，克服大多数投资者的不理智行为。

如果你在正确的判断基础上获得符合逻辑的结论，那么不要因为别人与你的意见不一致而放弃。正确或错误不是因为你和别人不一致，你之所以正确，是因为数据与逻辑推理正确。我们要只投资自己搞得懂的产业和公司，在公司调研上亲力亲为，不要借助别人的判断，我们要有理性与勇气爬出虚假信息洞穴从而获得理性与光明。

为什么聪明人在一起会做傻事

你有没有感觉，当群体一起做决策时，不仅不能成为智慧与智慧的相加，反而将错误及其后果无限放大。

群体在进行封闭式讨论时，成员倾向于让自己的观点与团体保持一致，有争议的观点、新颖的想法往往会被压制，使群体产生简单化和模式化思想，这会让决策参与者不能进行客观分析，最终做出不合理甚至荒谬的决策。这个现象被称为"群体盲思"。

群体成员对群体的能力盲目乐观、过分自信，产生"我们的团队坚不可摧"的幻觉。这让他们更愿意冒险，并坚信群体所做出的决策是正确的，不存在任何问题。当群体做出决策时，他们会把更多时间花费在如何将此决策合理化，而不是重新审视和评价这项决策。同时，认为持相反意见的人是邪恶、无能或愚蠢的。

当群体成员发现自己和其他成员的观点不同时，比起质疑他人，他们更愿意进行"自我审查"，并把其他成员的沉默当作是"同意大家的观点"，产生全体一致的错觉。与此同时，他们也会对异议者施压，将他们的行为定义为"不忠诚"。某些成员甚至会有意隐藏那些不利于群体所达成的决策的信息，以保护这个决策的合法性。他们无比相信这个被群体所认同的想法是正确的，甚至举出各种理由来支持它；却没有勇气提出自己的质疑，即使他们的质疑符合自己的经验与行业的特性。

如何避免群体盲思？群体领导者需要创造开放的团队氛围，必须引导其他成员公正、理性地看待他所提出的观点，尽量避免"批评"或"嘲讽"异议者；群体成员学会用批判性思维看待所有备选方案；领导需要尽量避免将自己的观点强加给其他成员；有时候可以请外部专家帮助，并向他们学习。

股市群体行为的陷阱

群体行为是人们无意识地以"集体规范或多数人意见"为准则进行一致行

动的现象。群体行为普遍存在于社会生活的很多领域,股市泡沫或大崩溃中,投资者随着其他人一起不顾一切地买入或抛售股票,完全不顾股票本身的价值,就是股票交易中的群体行为。

群体行为的两个突出特点是"少数跟随多数"和"无意识"。前者指个人在群体决策中失去独立的判断力,以一种从众的心理跟随大多数人行动;后者指个人跟随群体的行动并不是有意的,而是失去独立思考能力后陷入一种无意识状态。对于群体行为的"无意识",德国文学家弗里德里希·席勒曾评价说:"任何一个人,作为个体来看,都是足够理智和通情达理的,但是如果他作为群体中的一员,立刻就成为白痴一个。"

为什么会有群体行为?

人们为什么会放弃自己的想法,甘愿像白痴一样服从其他大多数人的意见呢?主要有两个原因。首先是为了"合群",怕被群体抛弃。自然界中弱者都有集体行动倾向以团结力量抵抗天敌的进攻。作为社会性动物的人也不例外,天生具有与大多数人行动一致以寻求安全性的合群心理。

其次是信息不足,觉得别人可能掌握自己没有的信息,效仿大多数人的做法更保险。因此在股市中,很多散户炒股都是"盲从"潮流,追涨杀跌都是"群体压力"或"社会影响"等情绪影响下的非理性群体行为。

当然,股市群体行为的发生往往还有特定的因素存在。第一是"结构性诱因",比如市场过热导致的情绪高涨,长期停发新股引发的对新股上市的高度关注等。

第二是"特定人群",中国股市中新开户、年龄小、小规模、缺少交易经验和高风险偏好的投资者具有高度的聚集性。

第三是"激发因素",它既可能是某些重大政策的出台,也可能是某些市场传言,甚至可能是盘中出现的某笔大额委托单。

最后是"内部强化机制",也就是以"行情"为纽带,投资者形成了"越涨越买、越买越涨"的放大传染机制和循环反馈过程,造成群体行为的不断强化。这些因素综合在一起,共同造成了中国股市的群体行为频发。

远离人群才能做到理性投资

当今世界信息过多过滥,对投资者不是福音。明智地选择信息,定期地屏蔽信息是对投资者的严峻考验。人天性喜新厌旧,在投资领域总是追逐过多的标的,尤其在各类新科技浪潮的裹挟下,更是到处乱撞,结果自然是捡了芝麻丢了西瓜。

有意思的是,基于科技便利,大家建立了各种各样的投资群,用于共享信息和共同研究,当然,这种群有一定的益处,每个人展示自己的专长,找到很

多不错的资料，但由于人性的懒惰、贪婪和骄傲，这类群最终带来了灾难。

人是懒惰的动物，总想占别人的便宜，有了群便很自然地激发出自己的懒惰。人是虚荣的，总想在人群中炫耀自己的投资业绩。人耐不住寂寞，总想往热闹的地方跑，跟随大众的狂热。这样的投资追逐往往像亮丽的烟花来得灿烂去得迅速。任何群都免不了传染狂热、传染恐慌。投资要绝对理性，就要离群索居，沉默是金。

优秀投资者长期的投资成功很大因素来自非常独立的性格，对投资坚持自我的判断、拒绝迎合他人，尤其是大众。有时候我们会提到相反理论，但优秀投资者的独立性格，不是简单地与大众反向、逆向，他们有的时候与大多数人看法一致、有的时候不一致，关键是他们不去看大多数对市场的观点，而是永远坚持自己独自分析市场，独立做出判断。

毫无疑问，大部分投资者都不是独立的，喜欢寻找与自己观点相同的投资者，希望获得其他投资者的认同，这与优秀投资者的性格完全相反。优秀的投资者不需要他人的认同，他们自己有一套自我评价机制，而不是活在别人的标准里。

在金融市场上，投资者与分析师最大的不同就是，分析师是只说不练，只分析、不行动。但是，优秀的投资者则不同，他们不仅是分析者，也是决策者，更是行动者。他们可以用广博的知识和智慧来分析判断市场，更重要的是，他们能够果断地找到针对目前市场的最佳投资策略，而且具有勇气，能迅速将决策付诸行动。所以说，勇气对于投资者非常重要，而那些只说不练的分析师是没有勇气的，即使他们分析得再好，也不具有智慧从各种分析中找到最佳决策，更不能将决策立刻变成投资的行动。

从这个角度来看，我们要成为优秀的投资者，就不要去做分析师，不要只说不练，也不要知行不一，而必须训练自己独立决策、勇敢行动的性格。

过度自信对于决策的破坏力是巨大的

在人们的决策中，过度自信是一个最为普遍的问题，其所带来的潜在破坏力也是最大的。我们真的是对成功如此自信，还是仅仅需要看上去很自信？有时候，在不同的情景中，自信的程度是很难分辨的。

过度自信每个人都有

一位瑞典学者调查显示，90%的司机认为自己的驾驶水平在平均值以上。这是过度自信的典型表现，投资领域也是如此。A股70%的个股投资者是亏损的，但是很多投资者还是自己去买个股投资，也是相信自己有投资能力。

我们自认为比实际上懂得多，几乎每个人都认为自己比一般人聪明、比一般人漂亮、比一般人技艺高超。在工作中，我们总觉得自己比同事工作效率高；在聚会时，我们总觉得自己比朋友更有魅力。这种过度自信每个人身上都会有。

一些职业领域往往与过度自信紧密联系，如心理学家、投资银行家、工程师、律师、投资者和经理在判断和决策中会存在过度自信特征。

在回答遇到极度困难的问题时，人们倾向于过度自信；在回答容易问题时，倾向于不自信。当从事的是可预测性较强，能快速、清晰反馈的重复性任务时，倾向于仔细推算。如气象学者在决策时倾向于仔细推算。

人们过度估计了自己完成任务的能力，并且这种过度估计随着个人在任务中的重要性而增强。简单来说，人们对未来事件有不切实际的乐观主义。人们期望好事情发生在自己身上的概率高于发生在别人身上的概率。人们会有不切实际的积极的自我评价，往往认为自己的能力、前途等会比其他人更好。

过度自信的人往往有事后聪明的特点，夸大自己预测的准确性，尤其是在他们期望一种结果，而这种结果确实发生时，往往会过度估计自己在产生这种结果中的作用。成功者会将成功归因于自己知识的准确性和个人能力，这种自我归因偏差会使成功者过度自信。

过度自信的人在做决策时，会过度估计突出而能引人注意的信息，尤其会过度估计与其已经存在的信念一致的信息，并倾向于搜集那些支持其信念的信息，而忽略那些不支持其信念的信息。当某些观点得到活灵活现的信息、重要的案例和明显的场景支持的时候，人们会更自信，并对这些信息反应过度。而

当某些观点得到相关性强的、简洁的、统计性的和基本概率信息支持的时候，人们通常会低估这些信息，并对这些信息反应不足。

过度自信导致频繁交易

股票市场充满着不确定性，投资者往往倾向于将好的收益归因于自身能力而非运气，从而产生过度自信的认知偏差。

研究发现，在金融市场上，交易越是频繁，损失就越大，投资者频繁地在金融市场上交易，甚至更多的时候他们交易的收益，或者他们预计中的交易收益无法弥补他们的交易成本。

中国某证券公司16990位个人投资者在2006年1月至2009年6月的交易数据显示，由于好的收益会增加投资者的过度自信程度，在控制其他因素后，投资者的交易频率往往随着前期收益的增加而上升。平均而言，前期超额净收益率每增加1%，投资者的超额换手率将增加0.055%。

投资经验有助于投资者对自身能力做出更加客观的评估，从而降低过度自信的认知偏差。随着交易次数和开户时长的增加，前期收益对投资者过度交易的影响程度逐渐降低。具体而言，当投资者的累计交易次数达到约1000次时，前期收益对超额换手率的影响程度将降低约70%；当投资者的开户时长达到约10年时，前期收益对超额换手率的影响程度将降低约60%。

过于自信的人，还会因为其预计的成功程度高于其本身客观上的成功可能性而轻敌，对于未来的判断缺少充分的准备，未能分析信息的有效期限，或是否存在其他较佳的选择。

也许你能体会到，很多投资错误是根植于人性的，即使知道问题所在，也很难克服。更糟糕的是，大多数人并没有意识到这些错误的根源所在。希望本书能够帮助读者认识到错误的根源，进而做出改变，领先绝大多数投资者。

避免盲目交易

交易者如果过度自信，就会认为赚钱很容易，下意识地降低了入场的客观条件，导致大量的盲目交易出现。没有入场价值的交易，获利成功率较低的交易，风险利润不成比例的交易，见到机会就想入场的交易，什么机会都不想放过的交易，只要看见价格波动就想下单位的交易……这些都是盲目交易。通常投资者主要是犯了上述这些盲目交易的错误，才使得到手的利润没有守住。

2016年7月，A股市场上演两场大戏，其一是"万科宫斗"，其二是"*欣泰退市"，这不但引起广大投资者的强烈关注，同时也吸引大量资金参与。我身边就有股友于7月6日在19.10元跌停板价位买入万科A，参与短线抢反弹交易；也有不少股友于7月27日在4.11元跌停板价位买入*欣泰"博傻"，赚超跌反弹利润。事后问起他们的交易初心，得到的答案都是想抱着自负的心理，在连续跌停的环境下去博取快速利润，可结果往往是被套割肉出局者多，侥幸获利出逃者少。

上述现象属于典型的盲目交易。只为贪图眼前微小的利润，却忽视了潜在的巨大风险；抢得了入场机会，但却逃不了最终失败。上述行为的心理是，只要看到交易机会就想介入，觉得不介入就会错失良机。于是乎，也不管目前的行情波动是否符合自己的交易习惯，在利润陷阱的驱使下，将微小的机会在自己内心过度放大，最终铤而走险。由此可以看出，盲目交易是投资者对市场未做深刻分析的轻率之举，这种交易特性往往体现为冲动和随意。

投资者需要清醒认识风险的必然性和利润的不确定性，在交易前进行理性分析，权衡利弊得失，就会在很大程度上减少盲目交易。

过度自信是种病，得治

在牛市中，几乎人人都会盈利，所以在牛市期间开始涉足投资的业余爱好者迅速感到他们在选择交易方面有一种特殊的天赋或能力。早期的赢家更有可能在市场开始下行时继续购买资产（就是我们常说的抄底），因为他们在此之前就坚信自己是投资天才。

过度自信事实上改变了人们的记忆。个人对此前事件记忆的偏差，为当前的过度自信提供了支持。对个人而言，使他记住了从前的成功，而不是失败。大多数情况下，人们将成功归因于他们自己判断，并将亏损归咎于超越自己预见能力的外部因素。

在很大程度上，自信确实是一件好事，没有自信，人们不会迎接挑战或者承担风险。但多数人都存在过度自信的问题。在金融市场，过度自信会严重损害效益。有些人是在生理上倾向于过度自信（尤其是年轻人），另一些人则是慢慢学会了过度自信。

造成过度自信的一个很重要的原因就是人们很难想象事情会以什么样的方式进展。由于不能预见到事情可能的各种发展方向，我们就会对我们所知道的事情将来可能的发展过度自信。

为自己的观点找理由，或者说只关注和自己的观点一致的证据，而不关注也不收集和自己的观点相抵触的证据，这种行为就是证实偏见，也就是总是倾向于寻找和自己一致的意见和证据，我们会在下面具体介绍。证实偏见的后果就是过度自信。由于人们只看到了对自己有利的信息，他们就非常乐观地相信自己的判断，越来越觉得自己的判断是对的，而不知道真相到底是什么。

过度自信者不适合做投资

金融市场的特征就是可预见性低，收益不稳定。通常需要我们有时候高度活跃，有时候镇静自若。对于交易者，尽管提供了迅速而精准的反馈，但这种反馈也是不稳定的，而且取决于市场行情，有时候投资者收到反馈的次数较少。

面对这种过度自信的问题时，一方面要了解自己，认识到在做决定的时候有这种认知偏差的存在，进而避免这种潜意识影响大脑客观的判断。另一方面可以通过学习心理行为学方面的知识，来帮助自己更好地了解自己在买卖决策时的心理变化过程，来避开自己人性上的弱点。股票市场本身就是一个放大人性的地方，人的贪婪、恐惧、过度自信等人性特点，在市场里体现得淋漓尽致。

股票投资中事先做好具体的操作计划是克服过度自信很好的方式。股票上涨了，我们很容易信心膨胀，认为自己先前的判断正确，潜意识里很容易认为股票还会继续涨；而当股票跌了，特别是跌幅很大，我们总会觉得跌得差不多了，该抄底了，结果可能会越抄底越跌，惨不忍睹。

在买入一只股票前，除了做好细致的研究之外，在具体的操作上也要做好详细的计划，包括具体的目标价位、何时止损、遇到突发事件时如何处理等等，然后在实际的买入过程中严格按照计划进行，遵守纪律，不要因股票大涨或大跌而轻易改变自己的计划。这种方式一定程度上能有效克服实际操作上的过度自信问题。

还应与市场保持适当距离，冷静头脑，学会主动休息。其实在股票投资中，离市场越近，人的情绪越容易受到股市的波动而变得不稳定，头脑更容易发热。在这种时候，可以适当远离市场，冷静下来，回忆一下我们当初买入股票的理由是否发生了实质的变化，公司的基本面是否出现了问题等等，学会主动休息和冷静思考，不要被自信冲昏头脑。

为什么我们的普遍信念那么难以改变

人们可以为自己创造一个这样的世界，在这个世界中，假设会变成自我验证性的假设，并且信念会变成自身永存的信念。这也就不难理解为什么如此多关于他人的普遍信念会非常难以改变。

即使一个人将要对这些信念产生足够的怀疑并主动地对其进行验证，他仍然会"找到"那些需要用来证实及坚持这些信念所需要的全部证据。这样，最终他将会有一种安全的感觉，因为这些信念一定是正确的，它们通过了十分恰当和精确的评估过程。

■ 人们偏好能够验证而非证伪假设的信息

疑人偷斧的故事大家都耳熟能详。在找到斧子前，"嫌疑人"的一举一动都像极了小偷；在找回斧子后，"嫌疑人"的样子就一点也不像贼了。在现实生活中，如果我们讨厌某个城市，那么，我们就会下意识地关注这个城市的负面消息，用以证明这个城市确实不招人喜欢。如果我们赞同某个交易方案，特别是自己提出的方案，就会举出众多理由，包括数据、图片、事实、分析来不断支持该方案，使其越来越正确。

当我们在主观上支持某种观点的时候，往往倾向于寻找那些能够支持我们原来观点的信息，而对于那些可能推翻我们原来观点的信息往往忽视掉，这就是所说的证实偏见。

"证实"并不是错误的、不必要的，关键是，证实只是事物面貌的一部分。如果只有证实，就难以存在全面的思考，很容易得出错误的结论。而如果从"证伪"的角度看现象，从反面去思考、去质疑，结论会更加可靠，也会更接近真实。

■ 陷入证实偏见的投资者很难保持客观中立

当投资者选择一个方向入场后，一般会搜索相关品种的评论及新闻信息。然而，俄亥俄州立大学在2009年的一项研究表明，当人们看到那些契合他们既有观点的文章时，会花比其他文章多36%的时间来阅读。此时，证实偏见开始发挥效用，我们会发现越来越多的数据、图片、新闻、分析都能够不断支持

自己的选择，显得自己无比正确。于是，深深陷入证实偏见的人，即便站在趋势的对立面，也会从零星事实中找到支持自己的理由，甚至这些持有相同观点的人会抱团互相打气，任由风险越积越大，依然执拗不认输。

陷入证实偏见的投资者很难保持客观中立。事实上，这是我们根深蒂固的认知模式。但是，需要清晰认识到，在这里证实的只是事物客观特性的一部分，如果我们只去证实，无疑会丧失另一半的信息，难免产生盲人摸象般的偏颇认识。殊不知，行情是双向结合的整体，是一种完整的客观存在，我们如果牢牢站在证实的立场上，就难以完成全面的思考和认识，很容易被自己的思维禁锢，从而对错误视而不见。

在投资中，我们应当注意培养证伪意识。当方向确定了之后，试着自己扮演自己的对手方，思考相反的结论是否可以成立，不断质疑、挑战自己的思维模式，多角度看待问题，这样才可以更加客观全面地接近行情的真实逻辑，做出更加可靠准确的操作，在止损时也能够摆脱刻板思维限制，做到灵活机动，在盈利时也可以避免飘飘然，使账户资金可以不断保值增值。

在做投资决策时，我们时常会因为大脑运作方式中的某些模式影响，使自己的思维框架受到限制，陷入心理学的陷阱中，这些陷阱的可怕在于它们并不存在于可觉察的意识领域，使得我们无法自知，所以振振有词地固执己见。之外我们做投资心理知识普及的意义在于让投资者认识到这种植根于潜意识的心理偏见，从而有意训练，弥补缺陷。

说你行你就行——皮格马利翁效应

美国著名心理学家罗森塔尔和雅格布森进行了一项有趣的研究。他们先找到了一个学校，然后从校方手中得到了一份全体学生的名单。他们从名单中随机抽出几个人，并告诉校方，他们通过一项测试发现，这些学生有很高的天赋，只不过尚未在学习中表现出来。有趣的是，在学年末的测试中，这些学生的学习成绩的确比其他学生高出很多。研究者认为，这就是由于教师期望的影响。由于教师认为这些学生是天才，因而寄予了更大的期望，在上课时给予更多的关注，通过各种方式传达"你很优秀"的信息，学生感受到教师的关注，因而产生一种激励作用，学习时加倍努力，因而取得了好成绩。这种现象说明教师的期待不同，对儿童施加影响的方法也不同，儿童受到的影响就不同。

你期望什么，你就会得到什么，你得到的不是你想要的，而是你期待的。只要充满自信的期待，只要真的相信事情会顺利进行，事情一定会顺利进行；相反，如果你相信事情不断受到阻力，这些阻力就会产生，成功的人都会培养出充满自信的态度，相信好的事情会一定会发生。这就是心理学上所说的皮格马利翁效应。

皮格马利翁效应在学校教育中表现得非常明显。受老师喜爱或关注的学生，一段时间内学习成绩或其他方面都有很大进步，而受老师漠视甚至是歧视的学生就有可能从此一蹶不振。一些优秀的老师也在不知不觉中运用它来帮助后进学生。在企业管理方面，一些精明的管理者也十分注重利用皮格马利翁效应来激发员工的斗志，从而创造出惊人的效益。

在现代企业里，皮格马利翁效应不仅传达了管理者对员工的信任度和期望值，还更加适用于团队精神的培养。即使是在强者生存的竞争性工作团队里，许多员工虽然已习惯于单兵突进，我们仍能够发现皮格马利翁效应是其中最有效的灵丹妙药。

人类本性中最深刻的渴求就是赞美。每个人只要能被热情期待和肯定，就能得到希望的效果。管理者应该而且必须赏识你的下属，要把赏识当成下属工作中的一种需要。赞美下属会使他们心情愉快，工作更加积极，用更好的工作成果来回报你，何乐而不为呢！

■ 你的好运气来自哪儿

在刚开始交易的几年里，很多投资者都和当初的我一样，喜欢放置一些雕刻摆件，或佩戴手串之类，求得一份心灵的安慰和寄托。的确，在变化多端的交易世界中，我们很难找到一些绝对真理般确定的规律，故而"运气"一直是我们所祈祷和追求的。

我认识的一位朋友张先生，交易成绩非常稳定，操作手法果断老练，很多投资者朋友都非常佩服他的交易成绩，甚至送给他一个"天生操盘手"的外号。

在一次交流中，我偶然得知，当时的张先生进入期货市场仅仅半年，而且那半年中期货市场处于从振荡到趋势的风格演变过程中，交易难度很大。普通投资者在半年的时间内，常常还处于熟悉系统操作、摸索交易方法阶段，甚至挣扎在"生死线"上。张先生却交出了一道漂亮的交易曲线。

几经邀请，张先生参加了一场投资者交流会，分享了"幸运秘诀"。原来，进入实盘交易之前，张先生做过很长一段时间的模拟盘。模拟交易期间，他设想了所有可能出现的问题，并做了应对策略。他展示了自己的笔记本，上面布满了密密麻麻的图表，对交易中每一种可能性都做了预设和计算。在实盘操作中，他的准备和付出得到了市场的积极回应，而成功盈利和他人的赞许，也使得他信心大增，坚定地认为自己在交易上具有天赋，并且一定能获得成功，这一切都使他更加自律地执行交易策略，遇到各种情况从容应对，最终取得了稳定的交易成绩。

很多时候，"好运气"来源于我们自己。我们充满自信地期待和努力，才

是成功的终极密码。当拥有了良性的自我暗示，增强了自我价值，我们变得自信、自尊，获得一种积极向上的动力，会促使我们更加努力和自律，从而维持这种良好心态的连续性。

市场如同一个公正又充满智慧的老师，他会彻底扫视我们的瑕疵和弱点，并给予最严厉的惩罚。但与此同时，当我们变得自信、积极、自律和稳定时，他又会给予赞许和奖励。当我们笃定下单得到市场肯定，及时止损避免极大损失后，除了盈利的喜悦，我们还可以获得自我认同的快乐，进而更加冷静和从容地操作，从而获得幸运的"成功惯性"。

相信自己，才是成功的秘诀。当然，正如前文所说，不可过度自信。

别让你的刻板印象变成偏见

在某茶馆中，一位公安局局长正在和一个老头儿下象棋，突然，一个小孩跑进来对公安局局长说："快回家吧，你爸爸和我爸爸吵起来了。"老头儿问公安局局长："这孩子是你什么人？"公安局局长回答说："这是我儿子。"那么，请问这两个吵架的人和局长是什么关系？

有人曾经拿这个问题问 100 个人，结果只有两个人答对。如果仔细思考和推理，事情并不复杂。这个下棋的公安局局长是位女性，自然是孩子的妈妈，吵架的是孩子的爸爸和外公，而在许多人心目中，公安局局长一般是男性，上茶馆跟老头儿下象棋的人一般也是男性。这是一个典型的刻板印象误导人的判断能力的例子。

大脑是人体耗能最大的器官，为了节约资源，人们的思维具有高度分类倾向，即在认知过程中，不是纯粹通过将客观信息整合后得到认识，而是将认知对象归类于某个特定类别的方式来认识。这种认知策略可以提升信息加工速度，但有时候也会带来很多问题和偏差。

刻板印象指的是人们对某一类人或事物产生的比较固定、概括而笼统的看法。对我们进行的社会信息加工起到很大的影响作用。它既有积极的一面，也有消极的一面。对于具有许多共同之处的某类人在一定范围内进行判断，不用探索信息，直接按照已形成的固定看法即可得出结论，这就简化了认知过程，节省了大量时间、精力，使人们能够迅速了解某人的大概情况，有利于人们应对周围的复杂环境。在被给予有限材料的基础上做出带普遍性的结论，会使人在认知别人时忽视个体差异，从而导致知觉上的错误，造成先入为主，妨碍对他人做出正确的评价。

刻板印象一旦形成不仅很难改变，还存在过度概括的危险，在社会知觉中把对群体的刻板印象推及属于该群体的个体，从而隐没个体身上独特的东西，应该警惕别让刻板印象演变成偏见和歧视。

刻板印象对投资的影响

在投资过程中，人们也不能摆脱大脑认知的"偷懒"模式影响。在选择期货品种的过程中，由于同一板块的品种具有某些联系和相关性，人们可能会以偏概全，觉得它们的表现应该是一致的。

以螺纹钢为例，它与其他黑色系品种的夜盘交易时间不同，会提前结束，有一些投资者觉得同板块的其他品种在螺纹钢收市后的走势可以为第二天开盘的走势提供参考，于是据此来进行布局操作。且不说一夜之间有可能出现新情况、新信息，同一板块内部出现分化也是经常有的事情，先验主义的结果是交易策略出现偏差。当人们入场之后，会笃定自己的方向，在不知不觉中思维僵化，产生了对抗相反信息的能力，以维持认知一致，即便得到了与自己开仓方向相反的信息，也可能忽略。

股市里的"七亏二平一赚"是事实，但是我会用数据和事实向你证明，那些高手是怎样在A股市场中取得成功的。一份权威报告中有组数据：中国中产及高净值人中，排名第一的是企业家/高管群体，第二是赶上房地产这波创富潮的群体，而排名第三的，就是股民中的高手，且为数不少。这些数据也证明，那么通过股票投资创富就是切实可行的。在统计数据和概率面前，你的主观印象一文不值。

现在的主流投资品有很多种，股票、基金、黄金等。历史数据表明，以上所有投资品中，股票是长期来看财富增值最快的，没有之一。

由于刻板印象会对人们的投资行为产生自动影响，人们更应该积极乐观地去看待市场。如果觉得交易是极其困难的，可能会激活负面的行为模式，使得个体完成任务的水平降低。在任何消极刻板印象的情境中，个体都有可能产生压力感，而这种压力会反过来束缚人们的正常发挥，得到不好的交易结果，从而更加强化这种消极印象，产生刻板印象的自证现象，陷入恶性循环。

虽然刻板印象具有稳定性，但也并非一成不变，最好的办法就是积极接触那些不符合原有刻板印象的信息，以数量来压制信息采集偏差。对投资者来说，就是要跳出交易的舒适区，去接触那些与自己认识不一致的信息，全面思考问题，对每一个决策都能从正反两方面来考虑，稳扎稳打，力求做到公正和客观。

不管是解决逻辑问题、职业面试，还是投资交易，人们都广泛存在寻求证实性证据的倾向。

那么如何避免证实偏见和皮格马利翁效应的影响呢？我们需要关注动机因素。当意识到在对待某些问题时我们有可能犯这些偏见时，就有可能

消除影响，同时采用鼓励性证伪回答的方式来组织问题，也是有价值的策略。

通过思考自己的判断在哪些情况下可能是错误的，决策者能够降低过度自信并提高我们的决策质量，这样可能会减少自我实现的预言和自我实现的刻板印象。

那些令自己欲罢不能的行为陷阱

对某种事物欲罢不能，通常并不是因为它本身吸引我们，而是由于我们在它身上投入了大量的时间、金钱、精力、感情等，从而不甘心放弃它，这就是所谓的行为陷阱。那行为陷阱具体指什么？对我们的生活和投资又有什么影响？

让人头疼的行为陷阱

你拨打一个企业的客服电话，好不容易打通了，但是那边是机器自动回应："谢谢您致电，目前我们的接线员正忙，请您在线等待，您的电话会按照顺序得到回应。"

这个时候你等还是不等？当然是要等，因为好不容易才拨通，但是一分钟、两分钟、三分钟，一直等了五分钟，还是没有回应。

这时你是挂掉呢，还是继续等？你可能会想，再给自己一次机会吧。于是你继续焦急地等待，又是一分钟了，还是没有回应。

你下决心挂掉了，但是心里还总是觉得应该再等一分钟，要是一分钟之后接通了，现在挂掉岂不很亏？

等待接线员就是最常见的行为陷阱。常见的行为陷阱还包括令人厌恶的清理工作（随时间推移情况越来越乱）；逾期的回信（耽误时间越久越令人尴尬）；让人越陷越深的投资亏损（浪费金钱的时间成本）等。

主要分类为：延迟满足、无知陷阱、沉没成本、恶化陷阱、群体陷阱和一美元拍卖陷阱等。这些陷阱不仅仅会单独出现，还会组成混合陷阱，每一种都基于不同的运作原理。

养成延迟满足的好习惯

20世纪60年代，美国斯坦福大学心理学教授沃尔特·米歇尔设计了一个著名的实验。这个实验是在斯坦福大学校园里的一间幼儿园开始的，研究人员找来数十名儿童，让他们每个人单独待在一个只有一张桌子和一把椅子的小房间里，桌子上的托盘里有儿童爱吃的棉花糖。研究人员告诉他们可以马上吃掉棉花糖，或者等研究人员回来时再吃，选择后者，他们还可以再得到一颗棉花

糖作为奖励。如果他们按响桌子上的铃，研究人员会马上返回。

对这些孩子们来说，实验的过程颇为难熬。有的孩子为了不去看那诱惑人的棉花糖而捂住眼睛或是背转身体，还有一些孩子开始做一些小动作——踢桌子，拉自己的辫子，有的甚至用手去扣棉花糖。结果，大多数的孩子坚持不到三分钟就放弃了。"一些孩子甚至没有按铃就直接把糖吃掉了，另一些则盯着桌上的棉花糖，半分钟后按了铃"。大约三分之一的孩子成功延迟了自己对棉花糖的欲望，他们等到研究人员回来，得到了奖励，差不多有15分钟的时间。

能够延迟满足的人，往往具有更强大的自控能力。不计其数的研究发现，一个人的自控能力和他的收入水平、职业地位、生理心理健康、犯罪率等指标有着显著的相关性。

耐心和自控能力是需要经过后天培养的，但是，越来越便捷的互联网技术，正让人们越来越容易立刻获得满足，丧失"等待两颗棉花糖"的能力。

听说了一本不错的书，我们可以马上在网上下单；想看一部电影或电视剧，打开视频网站搜索资源，不过是半分钟的事情；想吃零食，在购物网站上点击几次即可……那些流行的手机应用，无不是经过了精心的用户体验设计，千方百计地满足你获取立刻满足的欲望——晒一张照片，很快获得点赞；玩一局游戏，迅速斩获若干成就；背几个单词，马上夸赞你的学习进度。

在我们的手机屏幕上，迅捷而浅陋的满足感形成了一道汹涌而来的洪流，正在摧毁我们耐心和自控力的堤坝，让我们逐渐失去为"两颗棉花糖"而等待的能力。一项关于网络视频的研究显示：只要视频的加载时间超过两秒钟，人们就开始不耐烦地退出，仅仅10秒钟的等待就会让一半人关掉页面。

互联网损伤了人们获取延迟满足的能力，也意味着反思的减少、理性的衰退、智识的让步。这样看来，"美好的东西值得等待"并不只是一句心灵鸡汤而已。

投资一定要懂得延迟满足

绝大部分人对股市投资还停留在电视剧《大时代》里面，所有人盯着大屏幕，为某次快速上涨而欢呼雀跃，或者为躲过某次大跌而庆幸。在绝大部分投资者眼中，股票投资总是紧张兮兮的，一个人盯着六个电脑屏幕，时刻关注着每一笔成交量。对投资能力的判断，也仅仅停留在"能否一买就涨、一卖就跌"这种非常肤浅的认知上，人性的弱点在股市投资中体现得淋漓尽致，在行为体现上就是喜欢立竿见影，不善于忍耐、不善于做长远计划、不善于延迟满足。

延迟满足蕴含了深刻的投资哲学，如果能把这几个字参透，你离财务自由就越来越近了。

很多投资者在股票投资方面总是希望买在最底部，如果买入之后继续下跌，心里就会很不安，在行为表现上走两种极端，一种是马上卖出，即所谓止损，试图在更低点买入。另一种是不甘心，不断加仓，把之前组合设计的仓位比例忘得一干二净，总是试图通过不断加仓来买到最低点，心里想着等到涨回来再卖出，来摊薄成本。殊不知底中还有底，而你的资金却是有限的，最终的结果是把原计划轻仓的股票买成重仓，资金用完了股票还在继续下跌，只能干着急。

这就是不懂得延迟满足的表现。你总想买在最底部，一买就涨，立竿见影。如果懂得延迟满足，肯定就不会犯这个错误了，买入之后你的心态会很好，因为你要的是一年之后或者三五年之后的收益。比如今年的预期收益率是20%，三五年后的预期收益率是翻倍的话，那买入之后你根本就不需要去管它短期内跌了多少，只要它一年之内能涨20%，三五年能翻倍就可以了，这个心态是完全不一样的。

在我十多年的投资生涯中，接触过很多投资者，成功的失败的都见过不少。通过对比发现，那些真正投资赚到钱的人都是生活极其简单和有规律的人，做事不紧不慢。他们有个共同的特点，就是看起来总是乐呵呵的，心态非常好，对小事情似乎一点儿都不敏感，喜欢阅读，喜欢思考，非常善于战略布局。一个人的生活态度决定了他的心态，一个人的心态决定了他一生的成就。一个整天充满焦虑的人是很难做好投资的，我从来没有听说过谁每天盯着六个电脑屏幕最终在股市赚到很多钱的。

意识到自己的无知是智慧的开始

人们在延迟满足中，通常都能意识到他们行为的长期后果，但是行为的负面后果有时候并不能理解或者开始并没有被预见到，例如19世纪吸烟者并没有意识到吸烟与肺癌之间的关系，如果当时人们知道这些信息的话，很多人可能不会去吸烟了。

当一段新生活开始，"无知者无畏"通常较为常见。大学生有时候会选择一个并没有原先设想的那么有趣的专业，工人有时发现他们做一份他们与期望大相径庭的工作，恋人有时候会发现现在的伴侣并没有原先那样吸引人了。这些都是生活中不可避免的，但依然有一些方法可以使这种"无知者无畏"降低到最低。

过去几年，我们对于投资也有了新的理解。在一开始的时候，就是学习价值投资，这也是普罗大众都可以学会的方法。然而随着职业生涯以及年龄的增长，我们开始摒弃最简单的价值投资，认为这种过于简单的方法效果不大，进

而去研究其他方法，包括看 K 线、宏观轮动、量化动能、市场博弈等。然而，逛了一圈后我们发现，最好的投资方法还是价值投资。价值投资的核心是追求长期收益，放弃短期的波动和利益。无论是巴菲特、约翰涅夫，还是邓普顿，这些价值投资者的收益都来自长期的超额收益。我们很少看到价值投资者能够判断短期的市场波动。

股票市场上的绝大多数人都非常关注短期的波动性，甚至特别希望通过短期的波动性来赚钱。的确，无论中国还是美国股市，每天都会出现波动超过 15% 的股票。如果抓住其中的底部和顶部，似乎每天也能获得很高收益。有个段子，大意是每个月抓住那个翻倍的股票，一年下来可以从 10 万变成 1 个亿。假如一个人能够悉数掌握市场的短期波动，持续成功地进行短期波段操作，那么，无须多久，他就会成为世界首富。

然而历史经验证明，人类对宏观经济、企业盈利和股票市场三者的短期波动都是难以预测的。所以我们发现对于短期的预测其实很难。比这个更可怕的是，市场对于短期行为的研究非常"拥挤"。

无论是从基本面，信息不对称，还是买卖博弈，大家都希望能够快速赚钱。这导致短期市场被充分研究和竞争，价格是非常有效的。特别是在中国，以散户为代表的投资者每天都希望赚取短期的差价。但是作为一个群体，我们知道这是完全不可能的。

另一边，一个企业长期的价值往往被忽视。在这里我说的长期价值，并不是说拿 10 年后一个股票的价格。因为即使长期投资者，也需要考虑中期收益率，如果前 3 年业绩很差，让投资者再相信你 7 年，可能性也很低。我认为的长期价值是这个企业，甚至这个行业在未来一两年的价值体现。

一个好的商业模式，一个好的企业，必然伴随着时间会被挖掘出来。当中长期的交易不是那么拥挤的时候，我们发现其实通过价值投资手段，获取中长期的收益并非那么困难，至少远远比赚取短期博弈的钱容易。时间是有价值的（正如母亲必须用十个月的时间才可以孕育出宝贵的生命一样）。

投资者以合理的价格购入一家优秀企业的股份，在足够长的时间内，企业的价格一定会随着价值的增长而增长，这是长期投资的基本逻辑，也被无数历史经验所证实。由于短期内企业的利润和股价都难以预测，而长期是有规律可循的，所以长期投资是价值投资中最重要、最有效的方法。

绝大多数情况下，短期股市的走向是处于不可知阶段，是难以预测的，也不重要。古希腊哲学家苏格拉底说："意识到自己的无知才是智慧的开始。"我们无法预知明天会发生什么，但我们相信，优秀的人能够长期创造价值。

▪ 炒房炒成房东，炒股炒成股东

假设现你花70元买了电影票，却对这场电影是否值70元表示怀疑。看了半小时后，最坏的怀疑应验了：这电影简直烂透了。你应该离开电影院吗？在做这一决策时，你应该忽视这70元。这70元是沉没成本，不管是去是留，这钱你都已经花了。

衣柜里总有一些衣服，舍不得扔，但却一次也没有穿过；去吃自助餐，每次都是撑得特别难受，才会罢休；从事一项工作很多年，得不到升迁的机会，仍旧不会跳槽；某只股票一直在下跌，但拿了这么长时间，再等等吧！

人们在决定是否去做一件事情的时候，不仅是看这件事对自己有没有好处，而且也看过去是不是已经在这件事情上有过投入。我们把这些已经发生不可收回的支出，如时间、金钱、精力等称为"沉没成本"。对现有决策而言，沉没成本会很大程度上影响人们的行为方式与决策。

对于"沉没成本"，投资者最好的方式是自问："如果手中没有这只股票或基金，或者另外给我一笔钱，我还会买它吗？"如果答案是否定的，那么最好卖了它，不能仅仅因为已经被套住了，为了"心理账户"上所谓的"摊低成本"，就做出"错上加错"的决定。

对于一只股票或基金，如果它已经让你亏损太多，且短期内基本面没有改善迹象，与其盲目追加，换来无期限的望眼欲穿，不如快刀斩乱麻，接受"沉没成本"，重新选择标的，开始一段新的投资体验。

如何打破"沉没成本"的困境呢？最好的办法就是及时止损。在做决策时，不要纠结于已经无法挽回的沉没成本，而应依据当下的利益和未来的收益做出最佳选择。如果因为曾经付出的沉没成本而变得非理性，结果会面临更加沉重的负担。

所以，在做决策时，请忘掉已经付出的沉没成本，不能被过去的付出、成本，影响你新的决策。该止损的，要坚决割肉，不然会带来更严重的后果！

▪ 频繁交易让我们身陷恶化陷阱

除了行为的成本与收益随着时间而变化之外，出现在当原先高回报的行为逐渐变得不那么有收益或者变得更具有惩罚性时，我们称之为恶化陷阱。

人们在看到股票价格波动时，会无法控制自己的情绪，因为这个过程伴随着激素分泌，比如肾上腺激素，肾皮质激素等。人非机器，这些激素自然会调动人体器官，影响大脑判断，继而引发行为的冲动，进行买卖操作。

在操作完成之后，继续观察已操作股票的价格走势。如果没有买入而股价上涨了，就责怪自己之前没有"聪明地买股"；卖出而股价又上涨了，会责怪自己"愚蠢地提前卖股"，错失了这部分盈利。相反，则会沾沾自喜，认为自己非常英明。这样做的结果就是形成固化的投资方法，把之前获得盈利的方法认为是正确的，并日后不断沿用；而把未得到盈利的方法认为是错的，日后杜绝使用。当股票出现令人厌恶的账面损失时，为了证明自己没有"犯错"而不断通过观察行情证实自己，一拖再拖，深陷"沉没成本"陷阱。

造成这种频繁交易的表面原因是频繁看盘和频繁评估组合的收益。频繁看盘和频繁评估组合，开市时间全程盯盘，是投资生手的常见状态。而这种做法不仅无益于提高投资业绩，还会带来太多的负面干扰，导致操作失误。

造成这种频繁交易的根源还是在于对价格的暂时波动过于敏感。在投资过程中，最容易引发负面影响就是产生过多的不必要的情绪干扰，造成后续判断失误，被市场反复"打脸"，由此陷入错误的恶性循环之中。

作为个人，投资者无法依靠自身控制解决的情绪扰动和认知偏差是怎样产生的，通过规则和纪律，以及正确的方法避免陷入这类误区，持之以恒，应该能够养成良好的投资行为和习惯，对于改善投资业绩是有益的。

散户理性造成了集体的非理性

在生活中，我们经常会面临这类困境：大到全球生态污染，小到出租屋里的公共卫生，还有诸如交通拥挤、共享单车恶意被破坏……每个人都只想享受，却没有人愿意维护共同利益。

心理学中称这类现象为集体陷阱。在集体陷阱中，对个人利益的追逐导致了对集体不利的后果。一个简单的例子是高峰期的交通堵塞。很多人倾向于在同一时间开车，但是假如每个人都按照自利的原则行事，那么大家都会遭殃。

最著名的集体陷阱是囚徒困境有两名囚犯被分开审问，无法互通消息。如果两人都认罪，他们都会被判处 5 年徒刑。如果都不认罪，他们都会被判 1 年徒刑。如果一个人认罪而另一个人不认罪，那么认罪者会被释放，不认罪者会被判 10 年徒刑。

在一个标准的囚徒困境中，两个囚犯都面临着同样的选择——无论同伙选择什么，他们都最好选择坦白。假如他们的同伙拒绝承认，那么他们无罪释放；否则，他们起码不会被判十年徒刑。困境就在于如果每个囚犯都追求自己的利益而坦白，他们就会分别受到五年徒刑的惩罚，而这比两人都不认罪的惩罚要重。

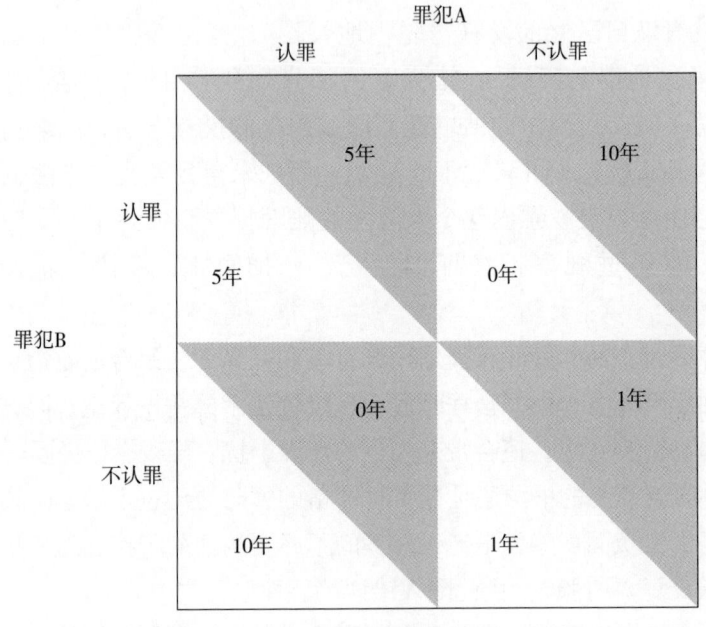

	罪犯A 认罪	罪犯A 不认罪
罪犯B 认罪	5年 / 5年	10年 / 0年
罪犯B 不认罪	0年 / 10年	1年 / 1年

囚徒困境问题。每一格对角线右上部分为罪犯A的陈述，对角线左下部分为罪犯B的陈述。

囚徒困境问题

股票市场的泡沫、金融崩溃等集体非理性行为都是一些个体的理性行为所致。在A股中隐藏大量的机构投资者，他们互相沟通，共同做主力，投入大笔资金买入一中小盘股，在盘中滚动拉高，吸引散户们跟风买入，他们则借机出货。

此时，散户理性可能会导致集体的非理性，每个人都在追求自己的利益扩大，结果是散户整个资金量并不比主力的资金量少，但却又不能像主力那样去影响价格。当市场调整后他们已获利不菲，散户却陷入被套亏损的境地。原因就在于散户群体中存在的集体行为陷阱。

■ 一美元拍卖：越陷越深的沼泽陷阱

一张1美元钞票，竟然能够拍卖出66美元，谁会相信呢？但事实却不止一次出现了。而且，这张1美元钞票，既不具有由于错版而导致的意外收藏价值，又不具有特殊的历史纪念意义。

这里讲述的是由著名博弈论专家耶鲁大学教授马丁·舒比克设计经典的"1美元拍卖"案例。在某个大型场合，一位拍卖人拿出1张1美元钞票，请大家给这张钞票开价，每次叫价的增幅以5美分为单位，出价最高者得到这张1美元，但出价最高和次高者都要向拍卖人支付出价数目的费用。

这样别开生面的美元拍卖引起了大家浓厚的兴趣。"10美分""15美分"

"20美分""30美分"……叫价之声此起彼伏。当叫价喊出"50美分"时，节奏逐渐慢了下来，只有几个人继续叫价。

最后，全场只剩下彼得和马可还在叫价。"95美分"，彼得叫出了最新出价。"100美分"，马可立刻做出回应。拍卖人看了看彼得，只见彼得毫不犹豫地喊出了"105美分"。这时，马可咬咬牙，叫出了"205美分"，然后默默地盯着彼得，眼神里流露出希望彼得退出的神情。彼得迟疑半响，无可奈何地退出了竞价。

拍卖的结果是马可以205美分获得那张1美元（等于100美分）钞票，净损失105美分；彼得付出了105美分，但什么也没得到。拍卖人从马可和彼得那里得到支付总和310美分，除去1美元作为成本，净赚210美分。

值得思考和分析的是，在这番博弈当中，当马可叫出100美分时，为什么彼得还要叫出105美分呢？这是因为如果彼得不叫出105美分，那么钞票归马可，彼得什么都得不到却要付出95美分的代价，而叫出105美分。如果能获得100美分钞票，则净损失只有5美分。那么，马可为什么又叫出了205美分，而不是叫出110美分呢？这是因为马可已经明白滑入了陷阱，被迫决定付出一个沉重代价来结束这场拍卖，从而避免更大的损失。为什么叫出205美分可以终止拍卖呢？这是因为，在这个价格上，如果彼得继续喊价，则至少需要喊210美分，这样彼得以210美分获得那1美元钞票，也相当于净亏损110美分；而彼得如果不继续喊价而退出，则他虽然得不到1美元，却只需要付出105美分。

因此，理性的彼得将不会继续叫价，从而马上通过一个沉重的代价即净损失105美分来结束了拍卖，避免更大的损失。但是，为什么在彼得喊出95美分时，马可怎么不退出啊？这是因为此时马可仍然存在侥幸心理，希望自己喊出100美分时令彼得退出，这样自己的亏损就是0美分而不是90美分。但是，彼得这时也无法停下来，因为他停下来就会亏损95美分，不如叫出105美分获得1美元，这样就只会亏损5美分。

结果，两人都可能持续抬高价格，希望通过抬高价格迫使对手退出，从而减少自己的损失。但是，他们很快就发现越是抬高价格就越是让双方付出沉重代价，而最终必须要由获胜的一方付出一个沉重代价来结束这场博弈。在这里，马可还算比较明智，他发现自己越陷越深，就果断地在205美分的价格上停止继续竞价。

实际上，在这场拍卖中，最好的策略就是不参加。因为一旦参加就意味着必然付出成本了，这时人们就很想通过击退对手来减少自己损失甚至获得好处。但是，其实对方也会这样想，于是价格就持续抬高而难以控制。这如同一个沼泽陷阱，滑落其中越是挣扎就陷得越深，结果是不能自拔。

第四部分 困扰投资者决策的几个常见问题

在 1 美元拍卖的多次实验中，研究者发现，最初人们的出价也许只是觉得有趣，但是随着价格的攀升，人们逐渐意识到掉入了一个陷阱，但已经难以全身而退；这时候就试图通过继续加价来迫使对手退出，但每个人都这么想，结果价格不断攀升；最后，当价格非常高时，竞争者变得焦虑不安，并且深深后悔，觉得自己很荒唐，但是已经难以自拔。

这种心理正是人类在很多现实状态下心理的一个折射。例如，有的人只是觉得想尝试一点儿趣味而参加赌博，结果不幸输了一些钱，于是又继续加注希望在下一局赢回来，但结果是越赌越输，越输就越想从赌博中捞回，进入恶性循环状态，直至最后输得精光。

现实生活中有很多"1 美元拍卖"的事例。或许现在就有不少人正在为"1 美元拍卖"在认真地报价，为的可能就是博取区区"1 美元"的胜利。学生为了获得硕士、博士的入学资格，历经多次失利，可能为此耗费了大量的时间与金钱；一些人为了追逐区区名利，往往花费数倍代价而乐此不疲，当其实现了孜孜以求的目标时，却失去了更为重要的机会。

一美元拍卖对投资决策的启发

我们会发现，随着一美元拍卖的进行，被试们开始关注赢得竞争、保住面子、使损失最小化等问题，并且惩罚竞争对手，因为对手使他们陷入窘境。当开价达到 1 美元时，双方都觉得他们是被对方逼迫继续下去的，并且很多被试认为对方继续下去简直是疯了，但他们没有意识到自己也是这样的，对方也可能正觉得自己疯了。

在一个决策过程中，人们持续提高对已经被证明是失误的先前选择行为的忠诚度，目的是使他们以前的投入显得合情合理。当责任重大时，失误导致了更多的投入，而非更少。

因此在做出一个承诺之前我们就要把结束的成本明确化。就是说，在投入一项交易决策之前要清楚地考虑中止行为的代价。决策者在任何可能的时候事先设定极限，并不是说达到极限所设定的数量就马上主动退出，决策者应该利用他们所设定的极限点，作为重新衡量继续或终止交易行为的决策时间点，而不论他们事先已经投入了多少。

另外，可以让不同的人进行最初和后续的决策。这样的好处是后来的决定是由不必为先前错误负责的人做出的，但是缺点是，决策的不连贯性以及组织记忆的潜在损失。

行为陷阱是生活中普遍存在的一部分，如果不加以关注，可能会导致严重后果。很多有害的个人决策或者公共政策是由连续的、不断升级的投入所导致。

行为陷阱源于人性中的惰性和贪心。因为惰性，人们不愿意改变既定的策略；因为贪心，人们不舍得改变既定的目标。行为陷阱并不总是不好的或者不好的，我们对这些行为陷阱的研究，是让我们进一步了解我们的决策过程是如何操作的，并且，在这样做的过程中，让我们的决策质量得到提高。

最后，我们要经常提醒自己，要高瞻远瞩，学会选择与放弃，每天都可以有一个崭新的开始，每次都可以有一个明智的选择。

第五部分

提高生活的幸福感，品味交易的乐趣

> 重结果更重过程，
> 交易会带你成长。

历练可以提高投资者的生存概率

人天生是懒惰的，除了必要的努力外，不愿意付出，哪怕只是一点点。虽然我们认为自己的反应是理智考虑的结果，实际上这些反应都是在感性的作用下完成的。但是，一些至关重要的任务仍然需要理性的参与，因为这些任务需要付出努力和控制自我，从而方可抑制感性的直觉和冲动。

瞳孔中的投资者

在思维活动过程中，生理刺激同时出现，瞳孔是衡量这种生理刺激的标尺。比如在观看喜剧电影时，我们只需要一点努力或是完全不费力，瞳孔因而并没有随着剧情的推进而发生明显的扩散或收缩。而观看恐怖电影时则需要付出特别的努力，瞳孔就会出现明显的变化，剧情越紧张，瞳孔扩散得越大，但是当一个人超过自己最大的努力程度时，人们就会主动放弃，比如观看一些深奥难懂的哲学电影时，瞳孔就会停止扩散或是收缩。投资者每天都要面对市场的波动，彷徨、焦虑、激动、迷茫等情绪，都会体现在我们的瞳孔上，投资者可以通过观察瞳孔的变化了解大脑的运行状况。

观察瞳孔的变化从本质上讲是关注注意力的分配。正确判断最严重的困难或者锁定最佳时机并做出迅速反应可以提高投资者的生存概率。从事交易的时间越长，对交易越熟悉，我们付出的努力程度就会越低，对该活动的记忆就越深，当突发情况发生时，更容易完成自我保护的最高使命，因此长久的交易实践有利于提高投资者在市场的生存概率。

好记性要靠烂笔头

进行"他们一模一样"，"儿子比父亲高得多"这种简单的比较，并不需要太大的努力。进超市前重新核实你的购物单；在餐馆吃饭时，在鱼和牛肉之间进行选择，这些行为不仅需要同时记住不同的信息，还要耗费精力，需要我们对比物品，从而深思熟虑地做出选择。如果让你数出这一页"的"字出现的次数，你会发现做起来很难得心应手，这需要把视线沿着横线移动、识别"的"字、记忆出现的次数等多重任务的执行和最终完成，显然这仅仅靠无意识的反应是无法做到的。

假设在看完这一页时，接到了另一个指示：数出下一页有多少个逗号。这项任务明显更加困难，因为这需要克制住不久前形成的习惯，即将注意力集中在"的"字上。从一个任务转换到另一个任务上是需要付出努力的，在时间紧迫的情况下尤其如此。

整合关于一件事的所有信息，这些都是无意识可以做到的。但是如果需要处理多个独立的项目，需要运用统计学信息，就需要理性的参与。此外，时间的制约也是人们付出努力的另一个驱动因素，比如向空中抛出几个球的马戏团演员，就无法承担减速的后果。

记忆减退的速度会催促你的步调，迫使在完全忘记这些消息前不断进行更新和演练，任何需要同时记住许多想法的任务都是匆忙的。除非你运气较好，有很大的工作记忆容量，否则你只能硬着头皮继续工作。

有些投资者在选择股票时，在不同的行业、概念和热点间频繁转换，如果让他们说出上市公司所属行业的特点时，他们却一无所知。私募、公募、游资等机构都有不同行业的研究员，针对各自所属的行业做深入的研究，在选股时显然更加有的放矢。

中国股市的换手率一直远高于欧美成熟市场的换手率，频繁操作的快感撞击着人们的荷尔蒙。频繁换股在较短的时间内耗损了大量的注意力，让人在考虑时很难做到周全。如此换股，不过是人们无意识冲动的产物而已。

在面对波动频繁的市场时，投资者可以将具体的任务分成若干个步骤，避免大脑超负荷运行，同时，将思考的结果记录在纸上，而不是简单堆积在记忆中。这样可以不紧不慢地向目标前进，进而管理我们的思维活动。

乐观地生活，悲观地交易

在看书时，我们常常因为印刷不清楚失去了继续阅读的乐趣；当与邻居见面的次数越来越多时，就越喜欢邻居；在心情愉快的时候，交易反而做得不是很理想。情绪的放松或紧张，会时刻影响我们的行为。

经验有时候是必不可少的

当大脑清醒的时候，我们一直在考虑着多种可能，有什么新的情况？存在风险吗？行情进展顺利吗？我需要转移关注点吗？把握这段行情需要投入更多的分析吗？

当交易进展顺利，此时没有阻碍、没有新情况，我们没必要转移关注点或投入更多精力。当交易进展不顺利时，我们的情绪处于紧张状态，就需要不断调动理性的参与。大多数时候我们都处于"放松"和"紧张"之间。

当情绪处于放松状态时，你心情有可能不错，感觉此时的状态舒适而熟悉，这时的想法可能相对随意、简单。在感到紧张时，你更可能警惕、怀疑，会对手头的持仓投入更多精力，感觉局促，较少犯错。

那么，是什么造成了情绪放松呢？如果当此时正经历的走势是曾经有过多次的参与和深刻的反思，并且对进展有了预知的想法，恰好当时的心情很不错，那么此时的感觉就会熟悉、真实和良好，并且感觉不费力。

生活的压力、糟糕的心情会使你在决策时的考虑欠缺周全。决策时的亲切感和急迫感，对于其他的工作可能会带来益处，但对于交易这个特殊的行业，反而容易造成轻率和鲁莽。

什么样的信息容易让人记住

"北京是中国的首都""月亮绕着地球转""鸡有四条腿"，在所有的这些描述中，我们在很短时间内便接受了大量信息。在读过这三个表述后，我们很快就知道前两个是真实的，最后一个是错误的。但值得注意的是，判断"鸡有三条腿"是错误的，明显比判断"鸡有四条腿"更容易。之所以对后一种表述做出判断的速度相对较慢，是因为后面一句话让你想起很多动物都有四条腿这一事实。

第五部分　提高生活的幸福感，品味交易的乐趣

147

当技术分析者坐在电脑旁开始做交易时，他们是依靠前期的记忆来操作的。如果走势图形看起来比较熟悉，你就猜测这是正确的买卖策略。如果遇到不熟悉的图形，我们就会排除它。这种无意识产生了熟悉感，我们正是利用这种熟悉感来做出判断。

很多权威机构和广告营销都深谙这个事实，那些制造传销骗局的犯罪头目也是利用不断重复的，"吃得苦中苦，方为人上人""成功就是踩着别人的肩膀上去的"这类蛊惑人心的口号，让有些人，尤其是那些涉世未深的年轻人欲罢不能。

说话时言简意赅，能用简单句的时候就别用复杂句，这样更能让人产生信赖感，反而使人显得聪明睿智。通过浮夸的语言来表达熟悉的概念是一种智力平庸、可信度差的表现。消息除了言简意赅外，最好还要容易记忆。"涨停十大绝技""量柱擒涨停""选股十八招"都是利用这种心理学原理，让人们容易相信他们的话。

大脑是非常懒惰的，它不愿付出努力。我们的生活都受无意识所产生的印象指引，但我们通常都不知道这些印象从何而来。如果你遇到的信息富有逻辑性、与你所持的信念或偏好有联系，或是源于所信任和喜爱的信息源头，那么就会有认知放松之感。但你是无法确认这种感觉来自哪里。因此理性多采纳无意识的建议，并继续运作。

当信息是明显错误的或者与已知的事实不一致时，那么我们把各种技巧都用上，也很难调高信息的可信度。

■ A股市场中那些让人捧腹的"神逻辑"

在2016年热播的电视剧《欢乐颂》中，女主角华尔街投资银行家安迪计划收购红星集团的剧情，引发了现实市场中A股红星发展被热炒。5月13日、16日、17日这三个交易日，红星发展连续涨停。

除了因节日、重大事件等因素被热炒外，还有很多个股因为谐音、重名等无厘头的"神逻辑"而走红，但这类个股的上涨往往只能维持两三天，之后便迅速"过气"。

"神逻辑"个股走红表现了股民的非理性和投机心态，但也同时说明了联想机制在自我强化中的作用。当参与到需要努力的事情中时，我们可能会感到紧张。同时这种紧张的情绪有可能把理性系统反应调动起来，改变我们处理问题的方式，不再随意且凭直觉做事，而是转向理性思维。

我们来看一个题目：

如果5台机器能在5分钟生产5个小零件，那么100台机器生产100个小零件需要多长时间？100分钟还是5分钟？

在看到这个题目的时候，里面的文字让我们顿时感到紧张。最后的结果也显示出，大部分人都出了错误。但是当题目字迹模糊时，错误率反而大幅下降。这是因为，这些紧张更可能是会激发我们抑制无意识的直觉性答案。

正如所料，朗朗上口的词语唤起了人们的正面态度。若某上市公司有个好名字时，这类股票会表现得很优异，这也是 A 股"神逻辑"操作的另一个启发吧。

重复可以引发放松状态和令人舒心的熟悉感，也会让人更有好感。重复的次数越多，我们的好感也就越强烈。就像很多的无厘头广告（恒源祥，羊羊羊），重复的词语和图片迅速闪过，快到人们根本没有意识到看见他们。但调查显示，人们更为喜欢重复率高的词语和图片。

只要不断重复就能增加喜欢程度，这是一个极其重要的生理现象。重复曝光现象构成了社会生活的基础，而这种基础又是心理稳定和社会稳定的基础。

乐观的生活，悲观的交易

如果三个有联系的词语放在左边（如潜水、灯光、火箭），三个没有什么关联的词语摆右边（如梦、书、球），然后分别迅速判断两侧的词语是否有共同联系，时间限制在两秒以内。最后的结果显示，如果测试前有好心情，我们判断的准确率会提高一倍。心情不好的时候完全无法准确完成这个直觉性任务，此时的猜测还没有随便选择的准确率高。心情显然会影响无意识反应的运行，当我们不舒服、不开心时，就会丧失自己的直觉。

好心情、直觉、创造力、轻信等都是和无意识反应连在一起的，而悲伤、警觉、怀疑、分析方法以及不断增强的努力程度等因素是和意识反应相互联系的。好心情使我们放松了对行为的控制，心情好时，直觉和创造力会增强，但也会放松警惕，易犯逻辑性失误。好心情是事情进展顺利的信号，周围的环境安全，卸下防备并没有什么影响，坏心情则说明事情进展不顺利，有可能存在威胁，我们必须保持警觉。

愉快的心情在平常的生活中可能有百利而无一害，但在交易决策时，常常使我们的行为过于草率、鲁莽、急功近利，对于市场走势出现的诱惑疏于防范。悲观地对待交易，反而能让我们对于市场中可能存在的风险保持警惕，保持情绪的稳定。因此，乐观地生活，悲观地交易，不失为对待生活和交易较好的态度。

系统地进行思考需要自我控制

每天我都会在公园里散步一小时，边散步边思考。我觉得散步能唤醒身体的感应，使思维更加敏锐。边散步边思考是一件很轻松惬意的事，如果让你在散步的同时心算上市公司的年报，而且要立刻算出来，这时你肯定会停下脚步。我们可以在散步时思考，却无法利用短时记忆来完成这样一项复杂的心算任务。当然，我更喜欢在无人打扰而且可以坐着的环境中思考。

系统地思考对于大多数人而言都需要自我控制，不断变换思考任务和提高大脑运行程度从本质上说是不会让你感到快乐的，避开这种情况是最优的选择。有时我也会打开网页看八卦消息，说明我有逃离写作的欲望。这也可以得出一个结论——我的自我控制力完全没有达到工作的要求。当然，作为职业交易员，有时候我也会达到这种状态：忘掉时间概念，忘掉自己，也忘掉自身问题。这种体验不同于耐心和毅力，它不需要集中注意力关注当前事情，也不需要自我控制，这是一种将大脑注意力毫不费力地集中起来的状态。

■ 耐心需要付出注意力，更需要努力

如果有人要求你在一分钟内记住一个7位数，恰好此时，有人端着甜点让你选一种——让人既爱又恨的巧克力蛋糕，还是水果沙拉，我相信大多数人会选择诱人的巧克力蛋糕，在既有认知任务同时又受到诱惑的时候，我们更容易屈从于诱惑。

在分析上市公司年报时，如果恰好喝了酒，或者一夜没睡，就会出现自我控制力下降的情况。同时过多关注交易结果，也会给增加毫无意义的思考负担，进而影响整体表现。自我控制需要集中注意力，也需要付出努力。

在我们耐心等待交易机会的时候，如果出现了一个新的挑战，比如说其他个股出现了突破的行情，我们往往就会很不情愿或是根本无法自我控制。随着时间的流逝，我们放弃等待的冲动越来越强烈。

对多空方向做出预测并进行交易会极大地损耗我们的注意力，这时我们往往会出现遵循本能的倾向：频繁、冲动而盲目交易，对市场分析缺乏耐心，交易的结果会变得很糟糕。

如果市场缺乏明确的方向，我们就需要耐心等待机会，这种任务会损耗我们的注意力，如果长时间保持这种状态，在生活中也许会表现糟糕——忘掉孩

子的家长会,忘掉妻子的生日。此时如果你有强大的意志力,那么你是完全可以抑制这种损耗的。但是需要必须执行某项任务时,比如制定了每月必须完成的盈利目标,此时即使不断努力,也是很难做到的。

在进行系统性思考或者需要自我控制时,我经常在电脑旁放置一些糖块,缓解思考所带来的自我损耗,从而让自己的表现不那么糟糕。

对直觉保持怀疑的态度

我们还是先看一个简单的数学题,别费力去分析它,凭直觉做做看:

球拍和球花11元,球拍比球贵10元,问:球多少钱?

你会马上想到一个答案:1元。这道题之所以与众不同,是因为它能引出一个直觉的、吸引人的、却是错误的答案。仔细计算一下,你就会发现,如果球花费1元的话,总共就要花12元(球1元,球拍11元),而不是11元。正确的答案是0.5元。

那些说1元的人根本没有认真验证这个答案是否正确,而是凭自觉给出了答案。其实只要稍微动脑想一下,就会否定这个答案。此外,他们可能忽视了一个明显的问题,怎么会有答案如此明显的题目呢!没有验证答案,这是个明显的失误,因为验证根本不费什么事,只要大脑工作几秒钟,就可以避免这个令人尴尬的错误。

这个数学题也说明这么一个问题:很多人过于相信自己的直觉。他们显然认为努力计算没什么意思,会尽力避免费力思考。当人们相信某个结论正确的时候,我们很可能会相信支持这个结论的论证,哪怕这个论证不正确。这是无意识的反应,人们总会先得出结论,然后才开始论证。

现在我来为大家做一个逻辑论证——两个前提和一个结论。请尽量快速判定这个论证是否符合逻辑。想想结论是否与前提相关联?

美国农业部下调大豆种植意向面积,供需持续收紧。

供需决定美豆价格走势。

因此,美豆价格上涨。

很多交易者都觉得这个推论是正确的。但事实上,这个推论是有问题的。因为我们更应该关注的是美豆种植意向面积高于预期还是低于预期,如果预估下调面积低于预期的话,价格甚至有可能下跌。交易者没有分析就直接得出美豆价格上涨的结论,就像球和球拍的问题一样,貌似正确的答案会马上在大脑中显现。

在交易决策时,人们总是满足于现成的答案不去思考,用"懒惰"来形容这种自我评估和检测并不为过。我们应该更应该严谨地面对,不要满足于貌似正确的答案,对自己的直觉要常抱有怀疑态度。

■ 交易是延迟满足的过程，而不是及时行乐的产物

这是心理学史上一个著名的实验：实验者发给 4 岁被试儿童每人一颗好吃的软糖，同时告诉孩子们：如果马上吃，只能吃一颗；如果等 20 分钟后再吃，就能吃两颗。有的孩子急不可待，把糖马上吃掉了；而有的孩子则耐住性子、闭上眼睛或头枕双臂做睡觉状，也有的孩子用自言自语或唱歌来转移注意力、消磨时光以克制自己的欲望，从而获得了更丰厚的报酬。在美味的软糖面前，任何孩子都将经受考验。

研究人员在十几年以后考察了当年那些孩子的表现。那些能够为获得更多的软糖而等待得更久的孩子要比那些缺乏耐心的孩子更容易获得成功，他们的学习成绩要相对好一些。在接下来几十年的跟踪观察中，发现有耐心的孩子在事业上的表现也较为出色。也就是说延迟满足能力越强，越容易取得成功。

那些为了立刻获得小奖励而放弃大奖励的孩子，更倾向于利用最先想出来的方法而不是费力去验证直觉。他们愿意跟着直觉走，做事冲动、急功近利，更容易受本能的驱使。他们希望马上得到钱，哪怕少些也可以，当被问及想要次日就收到自己选购的东西时愿意付多少钱时，他们比那些延迟满足的人们更愿意多付一倍的价钱。

大家是不是感觉有些似曾相识呢？人性总是想要付出之后立马见到回报，而且时间越短越好。正因为有了这种想法，很多投资人持仓周期特别短，特别钟情于日内交易，而日内交易是你交易走向毁灭的坟墓。这种想要从交易中快速赚钱的心态很常见，而延迟满足就是忍辱负重，是积累的力量，当他们看得到账户暂时的浮亏还有微薄的盈利时，能保持一份淡定。春种秋收这个规律，告诉我们想要得到果实，不是种下后立马就能收获，需要历经多个节气与付出，才可等到收获之日。

即时体验和过往记忆总是不一致

我们总是处于痛苦和快乐这两者的主宰下,他们指明了我们应该做什么,并决定了我们应该怎么做。传统经济学就是建立在经济主体都是理性的总体思路上的,人们希望理性的经济行为人知道人们对现在和未来的看法,还希望他们做出对大众利益最大化的决定。

体验效用如何影响决策

我曾得过口腔溃疡,非常疼痛,对说话和饮食造成很大的不方便。很多人询问我到底有多疼,那我应该怎么回答他们呢?这个时候就可以利用体验效用作为评估决策的标准了,体验效用也就是表示一个人所经历的快乐或痛苦的大小。

体验效用是会变化的,这就像每天的温度或气压那样。在评估疼痛程度时,感受最敏感的时刻是最糟糕事情和最后时刻的疼痛程度,而过程的持续对所有疼痛的评估没有任何影响。就像对投资的感受,我们最容易想到的是盈利幅度最大或亏损幅度最大以及距离当今的一笔交易的盈亏情况。

那怎样减少患者的疼痛记忆呢?降低最为疼痛时的疼痛感比将疼痛的过程减到最短最为重要。同样的道理,如果患者在过往过程时感到的疼痛相对较轻,他对此过程的记忆就会更好,那么逐步减轻比急剧减轻更为可取。如果想减少实际体验到的痛苦,迅速完成这个过程或许更合适,即使这样会让患者更疼痛并给患者留下可怕的记忆。

快到假期了,到底是去度假村还是去旅游呢?这是个问题。度假村提供了给我们恢复元气的休闲方式,而旅游则帮助我们构建故事、收集记忆。旅游的时候我们喜欢拍照片,我们也想给自己将来回忆这段往事的时候准备好素材,把旅游景点当作未来的记忆收藏。尽管在未来我们真的很少去看这些照片,而且拍摄照片也非常有碍于我们欣赏美好的风景。

我一直在想:如果旅游期间,每天都记录下我们对自己经历的评估。在度假结束后,我们再对整个假期进行评估,那么我们对假期的整体评估真能代表我们在日记中描述的经历吗?答案常常是否定的。这次旅行留给我们的只是存在于自己心中的记忆,而非当时的体验。

这样的心理过程也可以解释在投资中的现象。很多期货投资者都是一旦爆仓，就会永久离开市场。期货给他们留下的是刻骨的疼痛，而"钝刀子割肉"虽然没有爆仓那么疼痛，但结果常常是一样的。

那你会选择哪一种痛苦方式呢？我感觉可以将这种困境理解为两个自我的对话。一个自我是回答"现在疼吗"这种问题，另一个自我则会回答"总体如何"这种问题的。我们只有通过记忆才能保存生活体验，在思考生命时，我们唯一采取的观点来自记忆。

可能有很多的交易者都是这种情况。在刚开始做交易的时候，在前期还是相对比较稳定地获利，但总是最后一笔大幅亏损甚至爆仓的经历毁掉了他们的投资生涯，但实际上毁的并非体验，只是对它的记忆而已，我们曾经有着美好的经历，但糟糕的结果并不能将其抹去，因为这种体验发生了。投资者于是将整个投资生涯定位为失败，就因为它的结尾很糟糕，但他却忽略了前期稳定的盈利带给他们的快乐。

记忆有时候是错的，过往的经验在当前体验面前无法得到有效的表达，但同时记忆会记录下曾经的体验，并掌握从生活中学到的东西，而决策也正是由此产生的。从过去的经验中我们学到的就是存储记忆，这么做未必就是为了更好地体验，这就是记忆的专制性。

我们总是夸大痛苦体验

每个人都亲身经历并体验着自己的人生，我们总是会贪图眼前的快乐，注重感官体验的自我满足。而当我们思考自己时，就需要整合过去，我们当然不会记得所有细节，但沉淀下来的部分就成为对过去、对世界和对自我的认知，也影响着未来的我们。

当外出游玩时，很多人选择拍照留念，便于事后重温这段旅程的快乐。然而，当我们举起手机、相机拍照时，体验的是享受当下这个瞬间的时刻。我们可能会因为沉迷于摆拍而错过了食物口感最佳的时刻，因为费尽心思找一个完美角度把眼前的美景留下，而没能全身心沉浸其中，去认真感受它的美。

当然，翻开这些照片或摄影能够在日后帮我们勾起一段美好回忆，但在当时却没有好好享受，即时的幸福永远地过去了。

有孩子的家长都知道，与孩子相处通常不大愉悦，小孩子会哭闹、调皮，不仅需要照顾他们，还得解决他们闯下的大祸小祸。而我们玩手机时会感到愉悦又轻松，不用想太多事，可以看自己感兴趣的内容，还不被打扰。

然而，如果你问一个人："你人生中让你最幸福的事是什么？"，不太会有人将"看手机"作为这道题的答案。但相反，"与孩子在一起的时光"却很大概率被定义为幸福的事。由此可见，当我们在回想、总结感到幸福的事时，可能恰好是那些在进行过程中给体验带来痛苦的事。

■ 让生活与投资达到和谐与平衡

想象你即将开始一段旅程，那是个美丽的地方，你知道自己会享受在那里的时光。但旅程回来，在那里拍下的所有照片、影像都会被立即销毁，同时你还必须吞下一颗让你遗忘这段旅程的药。若是如此，你还会选择去吗？

选择"会去"的人更重视体验自我的感受，而选择"不去"的人则更注重于满足追逐人生的意义。体验和记忆总是不同步的，如果太过注重及时享受，我们就应该多给自己一些长期的目标。如果你觉得自己过度追求所谓的人生意义，让自己大多数时间的体验都是痛苦煎熬，或是无法尽心地享受当下之乐，那么你可以试着有意识、有计划地给自己一些纯粹的体验时段。

做投资的时候，短线搏杀就像即时享乐，我们往往沉迷于感受指尖带给我们的心跳喜悦，这个时候应该试着停下来，仔细思考我们做的哪一项可以真的给我们带来盈利，哪一些只是满足我们空虚、孤独或者追求刺激的感官满足，多从长期角度考虑交易理念和交易系统。

做长线投资可能需要大多数时间体验痛苦的煎熬，无法享受当下之乐，这个时候我们可以试着做一些让自己感受到快乐的事，瘫倒在床、玩手机、吃零食……，给自己一些时间，来做一些能获得即可满足，却似乎没什么"意义"的事情。

在计划旅行时也是如此，你可以在一次一周的度假中给自己两天不拍照，不记录，全身心体验这个过程的时间，将"留下这段回忆"的任务留给另外的几天。你要知道，有一些时刻，我们也可以任性地只满足感官享受，而不去理会"人生意义"。

你真的体会到交易的幸福了吗

投资交易是个幸福感很低的行业。如果你们感受到了交易的幸福，那么我相信你们把大多数时间用在了我们愿意继续、不想停止的活动上，很少的时间用在不想做的时间上。这种愿意继续做下去的事情是全身心投入某项工作中去的状态，我们可以称之为心流。

■ 比起过程，我们总是更在意结果

人生似乎总是充满挑战，它需要我们时刻打起精神。人生里似乎有太多太多的东西，不允许我们后退，也不允许有一丝一毫的失误。

可是你有没有发现，越是在意结果，反而越走不到你想到达的彼岸。因为事事注重结果，你会过分紧张与害怕，生怕出一点错误。所以每一步都战战兢兢，注意力全都放在了"不犯错"而非"把事情做好"上。越是担心考不好，越是没法发挥出自己的水准。越是担心工作做不完，越是手忙脚乱忙中出错。这样的循环只会让你一次次怀疑自己的能力，再也没有前进的勇气。

闲着无事，看完了话剧《茶花女》，当维奥莉塔即将死去的时候，他的爱人匆匆赶来。此时的我时刻揪心：这位年轻的爱人会及时赶到吗？我躺在沙发上想：为什么我们会那么在意最后的 10 分钟呢？然而，如果她的爱人来得太迟，《茶花女》就是另外一个故事了。故事所关注的应该是其中有意义的事件和值得珍藏的时刻，而不是时间的流逝。过程忽视常出现在故事中，故事的结局也总能将故事的角色定性。

常说"人生如戏"，我们都期待每出戏都有好结局。当我们听说一位和女儿疏远多年的妇人逝世时，也想知道她在死前是否已经与女儿冰释前嫌。我们所关心的并不是女儿的心情，而是希望这位母亲的故事更为圆满。当我们完成某笔交易时，我们只是关注结果的输赢，而过程中计划的严格执行却自动忽略掉了。我们在关注某人或某事时，通常体现在关心这个故事的完整性，而不是它的感觉。更重要的是，我们极度关注自己的人生故事，并希望故事的主角正派，结局完美。

对事件或事物的体验，我们所能记住的常常是在巅峰时的体验，而过程中好与不好体验的比重、好与不好体验的时间长短，对记忆并没有太多影响。我们所谓的幸福不过是生活中一段典型时期体验到的幸福，而不是整个生命过程

中体验到的幸福。

假设有个人幸福地生活了80年，如果将他的寿命延长5年，但是最后的5年没有从前的快乐，这会导致他的整个生命显得很糟糕。因为在评估整个生命以及一些有趣的事情时，高潮与结尾很重要，过程常常被忽视。

在做投资时，带给我们痛苦的常常是让我们亏损最严重的那笔交易，可能在数年后那个场面仍然历历在目。而最后击垮我们交易信心的则是最后一笔交易，它让我们在这个市场上失去了继续存在下去的信心。因而，当我们选择用直觉来评估这些事件时，真正起作用的是现有体验的不断恶化或改善，以及这个人的最终感受。

交易到底能带给我们什么

人们在任何时刻的心情都由心情和整体的幸福感决定的，但整体上的幸福也会在一天或一周之内出现巨大的波动。人在某个时刻的心情主要取决于当时的情景。例如，工作时候的心情不会受大体上的工作满意度（包括待遇和职位满意度）的影响，更重要的是情境因素，包括与同事交流的机会、被噪声烦扰、时间压力等等。在交易的时候我们的心情也并非取决于整体的交易业绩，而是更多地与现在的持仓盈亏有关。我们只因此刻发生的事或喜或悲，但前提是必须关注这件事。当我们关注某事时，心情就会随着事件带给我们的影响而波动。

对于时间的利用是生活的一部分，是人们可以掌控的。少数人可以利用意志使自己更为开朗、乐观，但是更多人可能会安排他们的生活，使自己少些时间交谈，多花些时间做喜欢的事。很多成功的交易员有坚定的信念，他们可以使自己保持更为平静客观地对待交易，但绝大多数的投资者更多的只是以舒服的原则来处理交易买卖，满足内心的欲望，满足感官的享受，最后的结果常常是遍体鳞伤。

投资交易是孤独者的行业，长久的历练带给我们的更多是心态的平和、通透的性格以及达观的人生态度，而不是我们所想象到的账户盈利带给我们感官上的愉悦、时间上的宽松和人际关系上的疏离。

幸福感并不完全取决于收入水平

生活中遇到的情景因素、个体生理因素以及与社会的接触都是影响我们体验到幸福感的重要因素，当然头痛也会使人痛苦，而某人某天的第二个最佳参照点就是这个人是否与朋友和亲人接触。说快乐就是将时间用在你所爱的人和爱你的人身上的确有一点夸张。

比起生活经历，生活中的某些方面会对每个人对生活的估测产生更大的影响。很多受过高等教育的人认为自己很幸福，但是教育程度越高的人压力越大，体验到的幸福越少；与孩子生活在一起常给人带来压力和愤怒，但是对生活评估的不利影响却不大；参与社交活动对于情绪与压力都有有利影响，对生活评估的影响也很大。

钱真能买到幸福吗？这是人们最常问的关于幸福的问题。经过全球各国的调查显示：贫穷使人悲惨，富有可能会提升某个人的生活满意度，但总体来说却不能提高体验到的幸福。我们体验到的幸福感会随着收入的提高而增加，但是超过某个标准后，也就不会再提升了。这当然令人惊奇！其合理的解释为，更高的收入会削弱人们享受生活中小乐趣的能力，例如夫妻两人一起到菜市场买菜等。

在投资生涯中，你真的体会到幸福吗？当你的盈利水平达到一定程度，我们的喜悦程度也就不会提升，账户的盈利不过是一串数字。与之相反，当我们亏损到一定程度时，我们的痛苦程度也不会加深，这也许就是"炒股炒成股东"的原因吧！

对自己生活或投资的评估是与我们的真实体验相关的，增加幸福感的最简单方法是分配好你的时间，多做一些自己喜欢的事，对于收入的提升要本着努力去做，但对结果保持开放的心态。

过度的关注常会使我们产生错觉

购买一辆豪车会使我们很快乐，但快乐感却会很快消退；上班途中的拥挤使心情糟糕，但我们依然顺利完成自己的工作；一笔糟糕的交易让我们灰心丧气，但仍然阻止不了继续交易的乐趣。

我们常常基于眼见为实的原则来评估自己的生活，然而过度的关注却使我们忽略了其他方面，尤其是忽视时间的作用。

■ 你是否对自己的生活满意

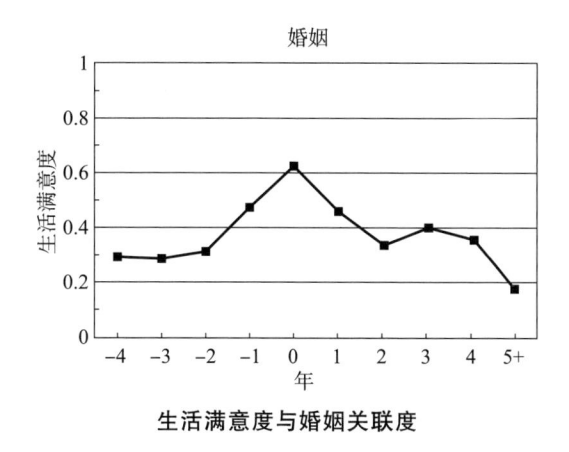

生活满意度与婚姻关联度

当我们看到这幅图的时候，是不是有点好笑的感觉。决定结婚的人肯定希望建立长久的关系以维持自己目前的幸福状态，但是对于许多人来说，做出婚姻的决定就反映出了因感情预测而引起的重大失误。即使我们都知道离婚率很高，对婚姻厌倦的例子更是数不胜数，我们还是不相信自己会是这样。

结婚前后一两年，我们的生活满意度很高，但是那些婚姻特别幸福的人在这个时间段过后也未必会感到幸福。我们一生的满意程度未必与这段时间有太多的关系，每个人最终都要回到现实中。我们体验到的幸福，更多地依赖于当前身处的环境和参与的事情。婚后生活中的琐碎小事，会令新婚带来的快乐感慢慢消失。那些结婚后的女性和朋友在一起的时间会变少，她们需要花更多的时间做家务或照顾孩子，这些事当然不是她们喜欢做的，当然长时间和丈夫在一起也许更快乐。随着婚姻新鲜感的消退，这也造成幸福感的下降。

在评估生活时，我们并不能很快想到答案，我们会自动地将答案替换成更为简单的问题的答案，这就需要无意识系统参与进来。我们很可能会想到最近刚发生或即将要发生的重要事件，会想到反复担心的问题，比如孩子的学习成绩或者健康状况，或者最近获得重大成就和使你痛苦的失败，我们并不是对生活中的所有领域的仔细衡量。例如当被问到婚姻是否幸福这样的问题时，我们想到的是最近或即将到来的婚姻生活的可能性。

回答"投资是否顺利""投资能否稳定盈利"这样模棱两可的问题，投资者需要大量的时间积累和统计归纳，还需要理性系统的参与。但实际上，投资者回答时，更多参照了最近的一笔交易情况或盈亏幅度最大的情况。

无论是投资中的成功者还是失败者，都有过盈利幅度很大的时候。投资者应该明白，这不仅仅是因为我们有一套优秀的交易系统，更多的是运气的原因，下一步有可能面对的将是盈亏幅度的回归，也就是我们前面所讲的回归效应。

我在一份英文报纸上看到，通过数十年的跟踪调查研究，人们对钱看重的程度与成年之后对自己收入的满意程度密切相关。对金钱看得重且富有的人，对于生活明显更为满意；对金钱看得重但不那么富有的人，对生活更为不满。因此在工作、投资和创业中，我们尽量不要把钱看得太重，给自己造成不必要的压力。

关注常常会使情绪产生偏差

在评估自己的生活时，我们并没有仔细思考。这个看法是由我们回答问题的速度以及受当前情绪的影响程度推测出来的。我们采用利用简单问题替代复杂问题或者眼见为实的原则。生活并不都是约会和走运，但无意识却用这些替代了整个生活。我们所关注的生活在整体评估中的权重被过分放大，这也是被放大了的幸福错觉。

在现实生活中，我们总是聚焦于眼见即为事实，给予我们的关注赋予过多的权重，从而忽略了其他影响幸福的因素。很多人都很喜欢自己的爱车，但我们真的从自己的车上得到快乐了吗？在正常情况下，人们平时开车时是不会花很多时间思考自己的车，你会考虑一些其他的事情，而心情也是由你所想的事决定的。当你考虑"从自己的车上得到多少快乐"时，如果喜欢自己的车，那就很可能夸大从其中得到的快乐，这会使你想到当前这辆车的优点或是考虑要辆新车时出现错觉。

和几位优秀的交易员聊天时，我问到他们一个问题：职业交易和上班工作相比，你从交易中感到快乐了吗？结果肯定是职业交易更让人感到快乐，因为他们可以有更多的时间去从事自己喜欢的事情，例如旅游。但事实上，交易员

们很少去旅游。当被问及这个问题，我们就会把从交易中得到的快乐感赋予更多的权重，无论自己是否真的更快乐，我们都会说自己感到更快乐了，因为这个问题的答案使我们相信自己更快乐了。这就是因为我们的关注使得对于快乐感的判断出现了错觉。

我们常常认为很多残疾人的心情会很难受，但实际上随着时间的流逝，他们已开始慢慢习惯，对自己身体状况的注意力也会开始转移到其他新的情况上。他们的心情大多数时候是相当好的，和普通人并没有太大的区别，尽管偶尔想到自己的身体状况，他们会感到悲伤。

很大程度上，无论新环境是好还是坏，我们会慢慢去适应。投资交易作为投资者生活的一部分，无论是盈利的一面，还是亏损的一面，我们都会随着时间的延续慢慢适应，对于交易中的情绪波动，我们有时候大可不必过分担心。

由于我们的关注而产生的偏见，导致人们更加看好本身就令人兴奋的事物或经历，即使这些事物最终会失去吸引力。人们忽视了时间，致使维持人们长久注意力价值的经验很少受到关注，至少比这种经验得到的关注更少。

千万不要忽视时间的作用

在投资中我们体验到的感觉可以看作交易经历。理论上，某个阶段交易经历的价值却是这一阶段所有体验的总和，但是大脑却不是这么想的。交易经历有时候并不是真实的，它会给我们讲故事，它讲的故事也能恰当地表示这一段时间的感受。我们对交易经历的感受常常寄托在开始、高潮和结束时，代表了整个的交易经历，过程却被我们忽视了。

这种对于过程的忽视常常是由于对时间的忽视所导致的。就如彩票中奖的喜悦，可以持续一段时间，但其快乐感会随着时间的延续而逐渐削弱。我们常常只关注短暂的时间片段带给我们的感受，忽视注意力的消退和新状态的适应。我们的关注使我们忽视了其他发生的事情，大脑善于处理故事，但却似乎不能很好地处理时间。

你认为购买了一只牛股会使自己更为快乐，但这其实是个情感预测错误。

今天早上，你的股票跌停了，因此你的心情非常糟糕。

……

在以往的交易经历中，我们了解到许多关于交易的新发现的事实，我们也明白了，交易本身的经历就是一种幸福，这种幸福并不是一个简单的含义，我们也不该简单地随便使用。有时，交易本身的成长反而让我们感到困惑。

结　　语

■ 一个二十多年交易老兵的思考

我们的生活充满了决策与判断。从给孩子买什么品牌的奶粉，到给孩子择校；从选择什么大学、什么专业，从事什么工作，到你选择在哪个城市定居，在哪个地段买房。从你购买哪家上市公司的股票，到该继续买入，还是清仓卖出，都需要你做选择、做判断。

一次次正确的决策，让人生逐步走上巅峰；而只要有一次决策失败，就有可能让人生跌入谷底，甚至很难再咸鱼翻身。

那么，如何做正确地做决策，走好人生的每一步呢？如何判断你做的每一个决定，正确与否呢？

大多数人在决策与判断的时候，都不会去做数学模式和逻辑推理，更多的都是凭感情、理念还有经验做出决定。而这些非理性因素受到每个人所处的环境、知识背景以及心理预期等众多因素的影响。

从某种意义上来说，人的一生都在进行一系列的判断与决策，金融交易仅仅是其中一个很小的范畴，如果我们能够站在更加宏观的格局去看待我们自身的交易行为，可能对于指导我们交易会有更大的帮助。

本书着重讨论决策与判断中出现的偏差与误差，这并不是说明人们不是好的决策者，而是说明决策与判断的失败更能揭示决策的过程。

对误差的强调还有容易应用的优势。一旦你能够发现引起某种偏差和误差的环境，你就可以避免它或者是提前预备对策。如果能够有效地应用本书所描述的结果，你就会更好地避免决策偏差、误差和陷阱，而且将会更好地理解他人所做的决策。

作为一名奋战在市场上的交易老兵，随着对交易认识得越深，对交易的感悟也就越深刻。现将这些理解与感悟用文字的形式表达出来与大家分享。感谢地震出版社的老师，在你们的支持和鼓励下，这本书才能和大家见面，感谢一路陪伴我的家人、朋友、同事，是你们的陪伴带给我信心和快乐。对此，向大家表示真诚的感谢！

崔海军